Mitología africana

Mitos fascinantes sobre dioses, diosas y criaturas legendarias de África

© Copyright 2020

Todos los derechos reservados. Ninguna parte de este libro puede ser reproducida de ninguna forma sin el permiso escrito del autor. Los revisores pueden citar breves pasajes en las reseñas.

Descargo de responsabilidad: Ninguna parte de esta publicación puede ser reproducida o transmitida de ninguna forma o por ningún medio, mecánico o electrónico, incluyendo fotocopias o grabaciones, o por ningún sistema de almacenamiento y recuperación de información, o transmitida por correo electrónico sin permiso escrito del editor.

Si bien se ha hecho todo lo posible por verificar la información proporcionada en esta publicación, ni el autor ni el editor asumen responsabilidad alguna por los errores, omisiones o interpretaciones contrarias al tema aquí tratado.

Este libro es solo para fines de entretenimiento. Las opiniones expresadas son únicamente las del autor y no deben tomarse como instrucciones u órdenes de expertos. El lector es responsable de sus propias acciones.

La adhesión a todas las leyes y regulaciones aplicables, incluyendo las leyes internacionales, federales, estatales y locales que rigen la concesión de licencias profesionales, las prácticas comerciales, la publicidad y todos los demás aspectos de la realización de negocios en los EE. UU., Canadá, Reino Unido o cualquier otra jurisdicción es responsabilidad exclusiva del comprador o del lector.

Ni el autor ni el editor asumen responsabilidad alguna en nombre del comprador o lector de estos materiales. Cualquier desaire percibido de cualquier individuo u organización es puramente involuntario.

Tabla de contenidos

INTRODUCCIÓN 1
PARTE I: LOS ANIMALES EMBAUCADORES 4
PARTE II: CUENTOS DE HÉROES 33
PARTE III: CUENTOS CON MORALEJA 58
PARTE IV: LA INFLUENCIA DEL ISLAM 70
BIBLIOGRAFÍA 98

Introducción

El continente africano alberga cincuenta y cuatro países que juntos dan cobijo a más de tres mil culturas, cada una con sus propias formas de vida y relatos. Algunos de estos relatos tienen su origen en las creencias populares de las personas nativas de su región, mientras que otros llegaron de distintas culturas que se establecieron en África o fueron influenciadas por ellas.

Un gran número de cuentos populares africanos se han transmitido de forma oral de persona a persona a lo largo de los tiempos, pero desde el siglo XIX, muchas historias se han escrito y transmitido al público más allá de los límites de las culturas que las crearon. Un importante y, a su vez, trágico factor que contribuyó a la divulgación de estos relatos más allá de las costas africanas fue el tráfico de esclavos por parte de los europeos. Los africanos capturados que se traían a América y al Caribe luchaban por mantener con vida lo que podían de sus culturas de origen y esto incluía sus tradiciones de cuentos populares.

Los cuentos populares africanos vienen en muchos tipos diferentes. Algunos son mitos que explican el origen de las cosas, mientras que otros son cuentos de héroes con poderes sobrenaturales. Las historias de animales son muchas y variadas, y suelen involucrar a algún tipo de embaucador que usa sus artimañas para salir de situaciones difíciles y, a veces, entrar en ellas. También existen cuentos con moraleja que explican por qué es importante comportarse bien y tratar a los demás con respeto, mientras que otros cuentos tienen un estilo y forma similares a los de los cuentos de hadas.

Esta colección presenta diez historias y cada una de ellas proviene de una cultura diferente. Como tal, este libro no es más que una pequeña muestra de la variedad de las historias que cuentan los pueblos africanos y no pretende ser de ninguna manera representativo.

La primera sección del libro trata de las hazañas que realizan los animales embaucadores. Kwaku Anansi, la araña (Ghana); Nwampfundla, la liebre (Mozambique); y la temible rana (Angola) trabajan para sí mismos o para alguien más, tratando de obtener algo de valor de un ser poderoso mientras intentan (y a veces fallan) evitar las consecuencias para sí mismos y para los demás.

Los cuentos de héroes cubren la segunda sección del libro. Los dos primeros cuentos —de Angola y Sudáfrica, respectivamente— tratan de protagonistas masculinos que, a la manera típica de los héroes, tienen nacimientos y habilidades sobrenaturales, que salen en busca de aventuras y luchan contra unos seres monstruosos que tratan de destruirlos. La historia final —también de Sudáfrica— se aparta del tropo de héroe sobrenatural y presenta, en cambio, la historia de una niña excepcionalmente observadora y sabia que es capaz de salvarse a sí misma y salvar a su hermana de un grupo de hombres asesinos.

Las historias de Kenya y Nigeria presentan lecciones morales que hay que aprender. Estos cuentos con moraleja proporcionan lecciones sobre cómo tratar a los demás con respeto y sobre los peligros de la codicia.

Las dos últimas historias muestran la influencia del islam y de la cultura árabe en los pueblos africanos. El primero de estos relatos es de Eritrea e incluye el personaje Abu Nuwas, un importante poeta árabe cuyo personaje ficticio se convirtió en el héroe de muchos cuentos populares. El segundo es un cuento de hadas de Libia, que muestra la influencia de la narración árabe en la forma en la que se asemeja a muchos de los cuentos de la colección de *Las mil y una noches*.

El *folclore africano* como término genérico es realmente bastante inadecuado para describir los relatos que cuentan los pueblos africanos. Cada uno de los relatos de este libro —y los miles de otros creados y contados por las innumerables culturas africanas— está influenciado por las tradiciones y religiones practicadas por sus creadores y por los entornos en los que estos creadores vivieron. Estos relatos también representan tradiciones vivas de la narración, tradiciones que han sobrevivido a la rapacidad colonialista y a las vicisitudes de la sociedad moderna, y que todavía tienen cosas nuevas que contarnos cada vez que los escuchamos.

Parte I: Los animales embaucadores

Cómo la araña compró las historias del Dios del Cielo (Ashanti, Ghana)

Kwaku Anansi, la araña, es el principal embaucador del folclore de África Occidental. Las historias sobre Anansi se originaron en Ghana, pero cuando se llevó a los nativos de Ghana al extranjero como esclavos, las historias se fueron con ellos y entraron en el folclore de sus descendientes en los Estados Unidos y el Caribe. La historia sobre Anansi que se relata a continuación tiene dos características particularmente interesantes. Una es el concepto de la propiedad de las historias, que es común en muchas sociedades tradicionales. En esas sociedades, si se desea contar una historia que pertenece a otra persona, primero hay que obtener permiso para hacerlo. En este caso, todas las historias pertenecían originalmente a Nyankonpon, al Dios del Cielo, que pide un precio elevado y prácticamente imposible por ellas, pero una vez que Anansi paga el precio impuesto, las historias se convierten en suyas.

La otra característica es el papel que desempeña la esposa de Anansi, Aso. La mayoría de los animales embaucadores de otras culturas tienden a trabajar solos: por ejemplo, el coyote en la tradición indígena norteamericana, o Nwampfundla, la liebre, en las historias del pueblo Ronga, una de las cuales se cuenta a continuación. En la historia de cómo Anansi compró todas las historias del Dios del Cielo, Anansi confía en el buen consejo de su esposa para ayudarle a hacer los trucos necesarios para conseguir los artículos demandados por Nyankonpon y así hacer que el éxito de ese proyecto se deba a un esfuerzo de equipo.

Hubo un tiempo en el que todas las historias le pertenecían a Nyankonpon, el Dios del Cielo. Kwaku Anansi, la araña, pensó para sí mismo: «No es justo que el Dios del Cielo tenga todas las historias. Quiero ver si puedo obtenerlas de él».

Anansi subió al cielo, se presentó ante Nyankonpon y dijo:

—Quiero comprar todas tus historias. ¿Cuánto tendré que pagar para que me las vendas?

Nyankonpon se rio y dijo:

—Anansi, eres solo una pequeña criatura. Muchos grandes hombres han tratado de comprar mis historias. Ciudades enteras de gente han tratado de comprar mis historias. Nadie lo ha conseguido nunca. ¿Qué te hace pensar que podrás pagar mi precio?

—Creo que sí seré capaz de pagarlo —dijo Anansi—. Solo dime qué es lo que quieres.

—Muy bien —dijo Nyankonpon—. Si quieres comprar mis historias, debes traerme a Onini, la pitón; a Osebo, el leopardo; a Mmoatia, el hada; y a Mmoboro, los avispones. Tráeme todas estas criaturas y te entregaré mis historias.

Anansi fue a casa y le contó a su esposa, Aso, que había hecho un trato con el Dios del Cielo para comprar todas sus historias.

—Primero debo llevarle a Onini, la pitón —dijo Anansi—. ¿Tienes algún consejo sobre cómo debería capturarla?

—Sí, claro —dijo Aso—. Esto es lo que deberías hacer: toma la rama de una palmera, alguna enredadera de cuerda y llévalos al río.

—¡Ah! Ya sé lo que hay que hacer —dijo Anansi—, y entonces salió y tomó una larga rama de palmera y una enredadera de cuerda.

Mientras caminaba hacia el río, fingía estar conversando con su esposa:

—No, no es tan larga como esta rama de palmera —dijo Anansi con su propia voz.

—No es así —dijo Anansi con la voz de Aso—. Ella es mucho más larga que eso.

—Estás mintiendo —dijo Anansi con su propia voz—. Es imposible que sea tan larga.

Mientras Anansi se iba acercando al río, Onini, la pitón, escuchó la conversación. Se deslizó hacia Anansi y le preguntó:

—¿Por qué están discutiendo?

—Mi esposa y yo discutimos sobre si eres más larga que esta rama de palmera. Ella cree que eres más larga, pero yo creo que se equivoca.

Onini dijo:

—Trae la rama aquí para que podamos comprobarlo y ver quién tiene la razón.

Anansi colocó la rama sobre el suelo y Onini se estiró a su lado. En un abrir y cerrar de ojos, Anansi tomó la enredadera y ató a Onini a la rama de la palmera.

—¡Te pillé! —dijo Anansi—. Ahora te llevaré al Dios del Cielo y él tendrá que venderme todas sus historias.

Anansi llevó la pitón al cielo y se la mostró a Nyankonpon.

—Aquí está Onini, la pitón, la primera parte de mi pago.

Nyankonpon miró a la pitón, que estaba atada a la rama de la palmera. Alargó la mano para tocar la pitón y dijo:

—Acepto esto como la primera parte de tu pago. Tráeme el resto y te entregaré mis historias.

Anansi fue a casa y le contó a Aso cómo había capturado la pitón.

—Creo que ahora capturaré los avispones —dijo Anansi—. ¿Tienes alguna idea de cómo podría hacerlo?

—Sí, claro —dijo Aso—. Esto es lo que deberías hacer: encontrar una calabaza y una hoja de plátano. Llena la calabaza con agua y podrás usar esas cosas para capturar los avispones.

—¡Ah! Ya sé lo que hay que hacer —dijo Anansi, entonces salió y encontró una calabaza y una hoja de plátano. Llenó la calabaza con agua y luego fue a buscar los avispones. Pronto se encontró con un enjambre de avispones. Tomó la hoja de plátano, se cubrió la cabeza con ella y luego salpicó los avispones con el agua de la calabaza.

—¡Vaya por Dios, está lloviendo! —dijo Anansi a los avispones—. ¿Quieren un lugar donde refugiarse de la lluvia, avispones? Tengo esta bonita hoja de plátano y veo que no tienen ningún refugio. Vengan y siéntense dentro de mi calabaza hasta que pare de llover.

—¡Gracias! —dijeron los avispones y todos volaron hacia la calabaza. Tan pronto como el último entró, Anansi tapó la apertura de la calabaza.

—¡Les pillé! —dijo—. Ahora les llevaré al Dios del Cielo y él tendrá que venderme todas sus historias.

Anansi llevó los abejones al cielo y se los mostró a Nyankonpon.

—Aquí están Mmoboro, los avispones, la segunda parte de mi pago.

Nyankonpon miró la calabaza y vio que estaba llena de avispones. Alargó la mano, tocó la calabaza y dijo:

—Acepto esto como la segunda parte de tu pago. Tráeme el resto y te entregaré mis historias.

Anansi fue a casa y le contó a su esposa cómo le había ido con los avispones.

—Ahora tengo que capturar al leopardo Osebo —dijo Anansi—. Me das tan buenos consejos; ¿qué debo hacer para capturar a Osebo?

—Ve y cava un hoyo profundo —dijo Aso.

—¡Sí! Eso es —dijo Anansi—. Ya sé qué es lo que tengo que hacer ahora.

Anansi salió y buscó las huellas del leopardo. Cuando encontró un lugar que creía que el leopardo podía visitar, cavó un profundo hoyo y lo cubrió con hojas de plátano. Luego volvió a casa.

Por la mañana, Anansi volvió al agujero. Miró por encima del borde del agujero y vio al leopardo allí.

—¡Ayúdenme! —rugió el leopardo—. ¡Ayúdenme! He caído en este hoyo y ya no puedo salir.

—¡Oh, pobrecito! —dijo Anansi—. Eso debe ser terrible.

—De verdad que lo es —dijo el leopardo—. Por favor, ¿me ayudas a salir?

—Podría hacerlo —dijo Anansi—, pero seguro que me comerás en cuanto te saque de aquí.

—¡No, no! —dijo el leopardo—. ¡No te comeré, te lo prometo! Solo ayúdame a salir de aquí y yo seguiré mi propio camino y tú el tuyo.

—Muy bien, te ayudaré —dijo Anansi.

Anansi tomó dos palos largos y una enredadera de cuerda.

—Aquí, pon tus patas sobre estos palos, dos delante y dos detrás —dijo Anansi—. Usaré estos palos para levantarte.

Cuando el leopardo colocó sus patas sobre los palos, Anansi las ató fuertemente con la enredadera.

—¡Te pillé! —dijo Anansi—. Ahora te llevaré al Dios del Cielo y él tendrá que venderme todas sus historias.

Anansi llevó el leopardo al cielo y se lo mostró a Nyankonpon.

—Aquí está Osebo, el leopardo, la tercera parte de mi pago.

Nyankonpon miró al leopardo, que estaba atado por sus patas a los palos. Alargó la mano, tocó al leopardo y dijo:

—Acepto esto como la tercera parte de tu pago. Tráeme el resto y te entregaré mis historias.

Anansi fue a su casa y le contó a su esposa cómo le habían ido las cosas con el leopardo.

—Solo queda un pago —dijo Anansi—, y ya sé cómo lo conseguiré. Por favor, Aso, ¿me preparas un puré de ñame?

—Sí, por supuesto que sí —dijo Aso y se fue a cocinar los ñames.

Mientras Aso estaba ocupada con la preparación de los ñames, Anansi tomó un poco de madera y talló un *akua*, un muñeco de madera con una cara plana. Lo hizo para que la cabeza se moviera al tirar de una cuerda. Entonces Anansi fue a un árbol y recogió una gran cantidad de savia pegajosa, con la que untó todo el cuerpo del muñeco.

—Esposa, ¿están listos los ñames? —preguntó Anansi, cuando el muñeco quedó terminado.

—Sí, lo están —dijo Aso—. Ven a recogerlos.

Anansi tomó los ñames que Aso había preparado y puso algunos de ellos en las manos del muñeco. Después colocó al muñeco en un árbol donde sabía que vivían las hadas. Anansi se escondió en un arbusto cercano y con una mano tenía agarrada la cuerda que estaba conectada a la cabeza del muñeco. Por supuesto, un hada se acercó y vio al muñeco con las manos llenas de deliciosos ñames.

—Akua, ¿puedo compartir los ñames contigo? —dijo el hada.

Anansi tiró de la cuerda y el muñeco asintió con la cabeza.

—¡Gracias! —dijo el hada. El hada extendió su mano derecha para tomar los ñames, pero su mano se quedó pegada a la savia del muñeco. Luego extendió su mano izquierda e intentó quitar la derecha, pero su mano izquierda también se quedó pegada. El hada empujó al muñeco con su pie derecho, pero esto no sirvió para nada.

El pie izquierdo también se quedó pegado en cuanto intentó usarlo para quitar el pie derecho.

Cuando el hada se quedó completamente pegada a la muñeca, Anansi salió de detrás del árbol y ató al hada.

—¡Te pillé! —dijo Anansi—. Ahora te llevaré al Dios del Cielo y él tendrá que venderme todas sus historias.

Anansi llevó al hada al cielo y se lo mostró a Nyankonpon.

—Aquí está Mmoatia, el hada, la cuarta y última parte de mi pago.

Nyankonpon miró al hada, que estaba pegada al muñeco. Alargó la mano para tocar el hada y dijo:

—Acepto esto como la cuarta y última parte de tu pago. Has hecho lo que muchos grandiosos hombres han fallado en hacer. Has hecho lo que ciudades enteras han fallado en hacer. Has pagado mi precio exigido y ahora mis historias son tuyas. De ahora en adelante, cada vez que alguien cuente una historia, debe decir: «Esta es la historia de Anansi».

Y es por eso que todas las historias son historias de Anansi y le pertenecen a la araña.

Nwampfundla y el elefante (Ronga, Mozambique)

Esta historia sobre Nwampfundla, la liebre, se remonta a un conjunto recopilado a principios del siglo XX por el reverendo Herbert L. Bishop, miembro de la Asociación Sudafricana para el Avance de la Ciencia. Bishop registró estas historias tal y como le fueron contadas por Samuel Mabika, a quien Bishop describe como «un gran guerrero [en su juventud y] un hombre de considerable importancia en su tribu».

Nwampfundla usa sus artimañas para conseguir cosas que de otra manera están prohibidas y para engañar a criaturas que son más poderosas que él. Sin embargo, no sale completamente impune; Nwampfundla tiene que pagar un precio por sus artimañas. En sus notas de las historias que recopiló, Bishop afirma que la palabra nwa *se utiliza como equivalente a* señor. *El nombre* Nwampfundla *por lo tanto significa literalmente* el señor liebre.

Como todo el mundo sabe, el león es el rey de todos los animales. Cada animal de la selva lo reconoce como su rey. Incluso el elefante sabe que el león es el líder, a pesar de que el elefante es mucho más grande. Cada vez que el león pasa por delante, todos los animales dicen:

—¡Viva el rey!

Y como todo buen líder, el león también tiene muchos sirvientes y consejeros que le ayudan. Uno de estos sirvientes era Nwampfundla, la liebre. Dondequiera que el león iba, Nwampfundla iba con él. Lo que el león le dijera a Nwampfundla que hiciera, la liebre lo hacía.

Un día, el león dijo:

—Creo que deberíamos ir a otro lugar. Vengan conmigo.

Y así todos los animales que eran sirvientes del líder se prepararon para salir. Recogieron todas sus pertenencias y cosas que necesitarían para el viaje. Entonces, el león dijo:

—Vamos.

Y todos los animales fueron con él. Los animales iban caminando detrás del león. Era una gran procesión, porque el león tenía muchos, muchos sirvientes. Caminaron y caminaron hasta que llegaron a un lugar que tenía un árbol lleno de deliciosas frutas. Como el día casi había terminado, algunos de los animales fueron al león y le dijeron:

—Rey, deberíamos parar aquí. Hay un árbol lleno de frutas deliciosas. Este sería un buen lugar para parar y pasar la noche.

El león miró al árbol y dijo:

—Sí, estoy de acuerdo. Este es un buen lugar para detenerse y pasar la noche. Pero la fruta del árbol es solo para mí. Nadie más debe comerla. El resto de ustedes pueden buscar otras cosas para comer, pero esta fruta es para mí.

Los animales dejaron las cosas que habían estado llevando. Extendieron sus mantas para dormir y se prepararon para pasar la noche. Pero Nwampfundla fue a los consejeros principales del león y les dijo:

—Me gustaría hablar con ustedes sobre algo.

—Sí, te escuchamos, Nwampfundla —dijeron los consejeros.

—Bueno —dijo Nwampfundla—, me preocupa este árbol frutal, el que tiene la fruta que nuestro líder dijo que no debíamos tocar.

—¿Y qué pasa con él?

—Bueno, no quiero meterme en problemas por eso —dijo la liebre—. Si alguien va y roba toda la fruta mientras los demás dormimos, seguramente me acusarán a mí. Todo el mundo dirá: «Ese Nwampfundla, cree que puede salirse con la suya, incluso robar toda la fruta del león».

—¿Por qué alguien diría eso? —preguntaron los consejeros.

—No lo sé, pero tengo un presentimiento de que podrían hacerlo —dijo la liebre—. Pero sé cómo podemos evitar a que se me eche la culpa. ¿Recuerdan el gran mortero que trajimos para triturar el maíz? Me tumbaré aquí y pueden poner el mortero boca abajo encima de mí. De esa manera, si la fruta se pierde, todos sabrán que alguien más lo hizo porque yo habré estado encerrado en el mortero toda la noche.

Los consejeros se rieron, pero aceptaron encerrar a Nwampfundla en el mortero. La liebre se tumbó en el suelo y los consejeros colocaron el mortero al revés encima de él. Pronto, el campamento se tranquilizó y todos los animales se durmieron.

Una vez que la liebre se aseguró de que todos los demás estaban durmiendo, levantó con cautela el borde del mortero y se asomó. Miró hacia un lado y hacia otro, y en todas partes vio solo a animales dormidos. Cuando observó que todos estaban dormidos, se arrastró fuera del mortero en silencio. Se dirigió hacia donde había una cesta.

Se detuvo para escuchar y asegurarse de que nadie lo había oído o visto. Cuando le pareció seguro, tomó la cesta y se detuvo de nuevo para escuchar. Pero ninguno de los otros animales se movió porque estaban saciados de la fruta de los otros árboles que les estaba permitido comer.

Nwampfundla se acercó al árbol especial del león. Comenzó a trepar mientras sujetaba la cesta. Subió un poco y luego se detuvo a escuchar. Después siguió un poco más y se detuvo a escuchar. De esta manera, subió por todo el tronco y se metió entre las ramas donde estaba la fruta. Cuando llegó a la fruta, empezó a comerla y cada vez que se terminaba una de las frutas, ponía el hueso en su cesta.

Después de haber comido hasta hartarse de la fruta, la liebre bajó tranquilamente del árbol. Luego fue a donde el elefante estaba durmiendo y colgó la canasta llena de huesos de fruta detrás de la oreja del elefante. A continuación, volvió a meterse debajo del mortero y se durmió.

Por la mañana, los animales se despertaron y se estiraron bajo el sol. Hablaban entre ellos mientras empacaban sus cosas y se preparaban para continuar su viaje. Escucharon un ruido de arañazos desde el interior del mortero volcado y la voz de la liebre que venía con debilidad desde su interior, que decía:

—¡Por favor, déjenme salir! ¡El sol ya ha salido y quiero ver la luz!

—Claro —dijo uno de los consejeros—. Casi se me olvida que pusimos la liebre allí anoche.

El consejero se acercó y dejó salir a Nwampfundla de debajo del mortero. Después de bostezar y estirarse a la luz del sol, Nwampfundla se acercó al león.

—¡Buenos días, rey! —dijo. Luego miró al árbol frutal y exclamó—: ¡Mire eso! Le dije que era verdad. Le dije que alguien se comería toda la fruta que usted dijo que era suya. Por eso hice que sus consejeros me pusieran bajo ese gran mortero durante la noche. No quería que me acusaran.

El león miró al árbol y vio que toda su fruta estaba comida.

—¿Quién hizo esto? —rugió—. ¿Quién me desobedeció y se comió toda mi fruta?

Todos los animales temblaron de miedo.

—Vengan aquí y pónganse de pie ante mí —dijo el león—. Díganme quién hizo esto.

Todos los animales se presentaron ante el león, pero nadie pudo decirle quién se había comido la fruta. Entonces la liebre se le acercó al león.

—Si le complace, rey —dijo—, propongo una prueba para ver cuál de nosotros robó la fruta. ¿Puedo contarle en qué consiste la prueba?

—Sí —dijo el león—. Dímelo.

—Muy bien —dijo la liebre—, pero primero debe decirles a los animales que tienen que ayudarme.

—Todos ustedes escucharon lo que dijo la liebre —dijo el león—, y esa es mi orden, deben ayudarle. Ahora, liebre, cuéntanos tu plan.

—Bueno, primero cavaremos un hoyo grande y extenso —dijo la liebre—, y luego todos tendrán que saltar sobre él. De esa manera, descubriremos quién se llevó la fruta.

Todos los animales ayudaron a cavar el hoyo y cuando estuvo listo, Nwampfundla les mostró dónde debían saltar. El león dijo:

—Soy el líder, por lo tanto, seré el primero en saltar.

El león saltó sobre el hoyo. No sucedió nada.

Entonces, la liebre saltó y no sucedió nada.

Entonces, el leopardo saltó y no sucedió nada. Uno por uno, todos los animales saltaron sobre el hoyo, pero aún no habían descubierto quién había robado la fruta del león.

Finalmente, llegó el turno del elefante y él fue el último en saltar. Saltó sobre el hoyo y cuando aterrizó en el otro lado, la cesta de frutas cayó desde detrás de su oreja. Todos los huesos de la fruta cayeron de la cesta y se esparcieron por el suelo.

Nwampfundla dijo:

—¡Miren! ¡Hemos atrapado al ladrón! ¿Lo ven? Tenía una cesta llena de huesos de fruta. El elefante fue el que se comió toda esa fruta.

—¿Cómo pude haberme comido toda esa fruta? —dijo el elefante—. Mírenme. No puedo subirme a los árboles. Yo no me he comido esa fruta.

Los animales no le creyeron al elefante. Entonces Nwampfundla dijo:

—Debería darte vergüenza, por haber robado la fruta del rey.

—Matemos al elefante —dijo el león.

Los otros animales se abalanzaron sobre el elefante y lo mataron. El rey le dio a Nwampfundla un gran trozo de carne del elefante y le dijo a la liebre que lo llevara. Y así, todos los animales reanudaron el viaje con su rey y Nwampfundla se balanceaba detrás de ellos con un gran trozo de carne de elefante.

Ahora bien, la liebre era un animal muy pequeño y el trozo de carne del elefante que llevaba era muy grande, por lo que pronto la liebre se cansó. Empezó a ir por detrás de los otros animales. Nwampfundla también estaba muy triste porque el elefante murió asesinado a pesar de no haber hecho nada malo.

Nwampfundla caminó detrás de los otros animales, mientras lloraba, sentía lástima de sí mismo y decía:

—El elefante no comió ninguna de las frutas del león, pero lo mataron de todos modos.

Los animales que caminaban delante de la liebre le oyeron llorar. Lo escucharon hablando consigo mismo, pero no pudieron entender lo que decía. De repente, el león se detuvo. Se dio la vuelta y vio a

Nwampfundla detrás de todos los demás animales. El león llamó a la liebre y le dijo:

—Nwampfundla, ven aquí y camina a mi lado. Te estás quedando muy atrás.

—Mi rey —dijo la liebre—, quiero hacer lo que me ordena, pero debo llevar este pesado trozo de carne. Soy muy pequeño y el trozo de carne es muy grande. No puedo caminar lo suficientemente rápido como para estar a su lado y llevar este trozo de carne al mismo tiempo.

El león dividió el trozo de carne en dos partes. Le dijo a uno de los animales más grandes que llevara el trozo grande y le dio el más pequeño a Nwampfundla. Entonces el león y su compañía reanudaron su viaje.

No pasó mucho tiempo antes de que Nwampfundla volviera a arrastrarse detrás de todos los demás animales, llorando y hablando consigo mismo:

—Es tan triste que hayan matado al elefante. Él no hizo nada malo. No comió nada de la fruta. Fui yo el que se la comió, pero fue él el que pagó por ello.

De nuevo, el león se volvió y vio a Nwampfundla que se arrastraba por el camino, mientras lloraba y hablaba consigo mismo. Entonces, el león dijo:

—Nwampfundla, ¿por qué andas arrastrándote tan lejos, por detrás de todo el mundo? Debes venir y caminar más cerca de mí.

Nwampfundla respondió:

—Mi rey, quiero cumplir sus órdenes, pero este trozo de carne es demasiado pesado para mí, ya que solo soy un animal muy pequeño.

El león tomó el trozo de carne de la liebre y se lo dio a otro animal para que lo llevara. Luego le dio sus azagayas y su lote de jabalinas a Nwampfundla y le dijo:

—Toma, debes llevar mis azagayas. No son demasiado pesadas. También tienes que caminar delante de mí.

Nwampfundla tomó las azagayas y se puso a caminar delante del león. Mientras caminaba, empezó a cantar la canción que se había inventado sobre el elefante:

Al elefante lo mataron,

Aunque no tuviera culpa.

Al elefante lo cortaron,

Sin ninguna disculpa.

Su vida le arrancaron,

Yo le tendí la trampa,

Y me comí toda la fruta.

Esta vez el león escuchó lo que la liebre estaba diciendo.

—¿Qué es eso que estás cantando? ¿Fuiste realmente tú quien se comió toda la fruta de mi árbol especial?

—Sí, fui yo quien se comió la fruta, mi rey, pero el elefante pagó el precio por ella y lo lamento mucho.

Entonces el león se enfadó mucho.

—¡Así que fuiste tú! —exclamó el león, se volvió hacia los otros animales y rugió—: ¡Atrapen a ese ladrón!

Nwampfundla corrió tan rápido como sus patas pudieron llevarlo, mientras todos los demás animales lo perseguían. Pero, no importaba cuán rápido corrieran los otros animales, ninguno de ellos podía atrapar a Nwampfundla. Pronto la liebre notó un agujero en el suelo, así que se metió en él. Los animales lo vieron entrar. Volvieron al león y le dijeron:

—Ese granuja bajó por este agujero. ¿Qué haremos con él ahora?

—Encuentren una manera de sacarlo —dijo el león.

Los animales fueron al bosque y encontraron un buen palo largo. Cortaron el palo para tener un gancho en un extremo y después lo llevaron de vuelta al agujero. Pusieron el palo en el agujero y comenzaron a pescar con él. El anzuelo atrapó a Nwampfundla por la pierna, pero la liebre solo se rió y dijo:

—¡Anda que son ustedes inteligentes, al meter un palo en el agujero y pillar solo la raíz! ¡Así nunca me atraparán!

Los animales sacaron el palo del agujero y lo volvieron a meter, pero esta vez el palo se enganchó alrededor de una raíz. Cuando Nwampfundla vio que el palo estaba enganchado a una raíz, empezó a llorar y a gritar:

—¡Oh, no! ¡Me han enganchado por la pierna! ¿Qué voy a hacer ahora?

Todos los animales pensaron que habían atrapado a Nwampfundla. Tiraron del palo una y otra vez, pero este no se movió. El león vino también para ayudar y tiraron de nuevo. Todos tiraron tan fuerte como pudieron hasta que finalmente la raíz se rompió y todos los animales cayeron de espaldas unos sobre otros.

El león estaba furioso.

—¡Sinvergüenza! ¡Granuja! ¡Cuando te atrape, te despellejaré y te cortaré en pedazos para mi cena!

Entonces el león se volvió hacia los otros animales y les dijo que lo intentaran de nuevo. Los animales pusieron el palo en el agujero y el gancho se enganchó en la pata de la liebre. Pero cuando la liebre se rio, los animales dijeron:

—Habremos pillado otra raíz. Seguramente la liebre no se reiría si lo hubiéramos enganchado.

Los animales sacaron el palo del agujero y lo volvieron a meter. Esta vez engancharon otra raíz y Nwampfundla empezó a llorar y a pedir misericordia.

—¡Ajá! —dijeron los animales—. Esta vez sí que lo tenemos. Tiraron de la raíz una y otra vez hasta que se rompió y todos los animales cayeron de espaldas unos sobre otros.

El león estaba aún más enfadado que antes porque la liebre les había engañado una vez más. Gritó todas las cosas terribles que quería hacer, después de atrapar a la liebre. Su ira era tan grande que todos los animales le temieron mucho. Pero Nwampfundla estaba sentado en su agujero y mientras escuchaba la furia del león, se reía y decía:

—Sí, sigue hablando de lo que me harás, pero primero tienes que atraparme. Y no puedes hacerlo, porque yo, Nwampfundla la liebre, soy el mejor de todos los animales.

Finalmente, el león y los otros animales se cansaron de escuchar a la liebre reírse de ellos.

—Bien —dijo el león—. Si se cree tan bueno por haber bajado a ese agujero, puede quedarse allí para siempre. Encuentren hierba y tapen este extremo del agujero. Háganlo de manera que no pueda salir. Eso le enseñará a que no se puede burlar de mí.

Los animales hicieron lo que el león les pidió. Tomaron una gran cantidad de hierba y la metieron en el agujero. Metieron la hierba muy comprimida, para que la liebre no pudiera salir. Entonces el león y los otros animales reanudaron su viaje.

Cuando los animales se habían ido, Nwampfundla fue a la hierba y trató de apartarla para poder salir. Empujó una y otra vez, pero no importaba lo que hiciera, la hierba seguía pegada. Los animales la habían compactado con tanta fuerza que no había forma de que la liebre pudiera quitarla. Estaba atrapado en ese agujero para siempre.

Nwampfundla se sentó dentro del agujero y sintió mucha lástima por él mismo. Después de un rato, empezó a sentir hambre. Cada vez tenía más hambre, hasta que al final se comió una de sus orejas. Esto lo satisfizo por un tiempo, pero después de un tiempo, volvió a tener hambre. Trató de ignorar el hambre, pero al final fue demasiada, así que se comió una de sus propias patas.

Transcurrió más tiempo y pronto Nwampfundla sintió sed. Intentó y trató de no pensar en ello, pero finalmente se sacó un ojo y se lo comió, con la idea de saciar su sed con las lágrimas que había dentro.

Después de que Nwampfundla se comiera su oreja, su pierna y su ojo, vino una gran tormenta con mucho viento. El viento sopló tan fuerte que sacó la hierba que tapaba el agujero. Cuando la tormenta pasó, Nwampfundla se dio cuenta de que podía ver la apertura del agujero. Se arrastró con mucho cuidado hasta la entrada y miró a su alrededor. No había nadie a la vista, así que se arrastró fuera del agujero.

En un árbol cercano, había una colmena. Nwampfundla tomó un poco de cera y la usó para hacerse dos pequeños cuernos. Se puso los cuernos en la cabeza y se fue cojeando a la casa del león.

El rey vio a la liebre entrar en el kraal, el pueblo cercado donde el león vivía con sus sirvientes y sus consejeros. El león preguntó a los otros animales quién era este extraño.

—Ese debe ser Nwampfundla, la liebre —dijeron los animales—, el que le dio tantos problemas.

—Tonterías —dijo la liebre—. ¿Acaso este Nwampfundla tenía solo una oreja? ¿O solo tres patas? ¿O solo un ojo? ¿O Llevaba cuernos en la cabeza?

Todos los animales tuvieron que admitir que Nwampfundla no tenía esas cosas.

—Por supuesto que no las tenía —dijo la liebre—. ¿Cómo podría tenerlas? Yo soy una liebre especial de una sociedad especial de liebres. Todos nosotros tenemos una oreja, un ojo, tres patas y cuernos en la cabeza, y somos muy pocos. Es un privilegio que me hayan visto, porque puedo correr más rápido con tres patas que cualquier otro animal con cuatro, y veo más lejos y oigo mejor que los animales con dos ojos y dos orejas. Soy el mejor sirviente que cualquier líder pueda desear.

Al león le gustó mucho lo que dijo la liebre.

—Si realmente puedes hacer todas esas cosas —dijo el león—, entonces, por favor, quédate y sé mi sirviente. Un líder necesita sirvientes que puedan hacer cosas tan maravillosas como tú.

Y así fue como Nwampfundla se convirtió de nuevo en el sirviente del león.

La hija del Sol y la Luna *(Ambundu, Angola)*

Na Kimanaueze es un importante héroe cultural del pueblo ambundu de Angola. Él es el protagonista de un ciclo de historias de héroes y un personaje en las historias de héroes sobre su hijo y su nieto. Las historias se transmitieron originalmente de forma oral, pero se registraron por primera vez por escrito por antropólogos europeos en el siglo XIX.

En esta historia, el joven Kimanaueze quiere casarse con la hija del Sol y la Luna y —aunque es el personaje principal y la persona alrededor de la cual gira la historia— él mismo no se encarga de conseguir la mano de la joven en matrimonio. Esa tarea recae en el embaucador rana, que encuentra la manera de ir y venir entre el cielo y la tierra para convencer al Sol y a la Luna de que su hija debe ser la novia del joven Kimanaueze. Vemos en esta historia algunos aspectos importantes de la cultura Ambundu en torno al cortejo y al matrimonio. El joven Kimanaueze debe demostrar que es digno de casarse con la joven al pagar un precio apropiado por la novia y, con cada entrega que la rana lleva al cielo, la familia de la joven proporciona una buena comida a su invitado, sin darse cuenta de que se trata de la rana y no de un pretendiente.

El gran héroe y líder Na Kimanaueze tuvo un hijo llamado Kimanaueze kia Tumb' a Ndala. Cuando el hijo de Na Kimanaueze creció, su padre se acercó a él y le dijo:

—Es hora de que encontremos una esposa para ti. Hay muchas chicas hermosas en nuestro pueblo. Elige una, e iremos a su familia y le preguntaremos si puedes casarte con ella.

Pero el hijo de Na Kimanaueze dijo:

—No me casaré con ninguna de las chicas de nuestro pueblo.

—Muy bien —dijo Na Kimanaueze—. Tal vez podamos ir al pueblo de al lado y encontrar una esposa para ti allí.

—No, eso tampoco servirá —dijo el hijo de Na Kimanaueze.

—¿Deseas buscar una esposa entre la gente de otro país? —dijo Na Kimanaueze.

—No —dijo el hijo de Na Kimanaueze—. No quiero una esposa de otro país.

—¿Con quién te vas a casar entonces? —preguntó Na Kimanaueze.

—Me casaré con la hija del Sol y la Luna —dijo el hijo de Na Kimanaueze.

Na Kimanaueze no sabía qué decir al principio.

—Tienes grandes ambiciones, hijo mío, pero no estoy seguro de que sean realistas. ¿Cómo crees que serás capaz de ganarte a esa chica como esposa?

—No lo sé —dijo el hijo de Na Kimanaueze—, pero estoy seguro de que encontraré una solución de alguna manera.

Na Kimanaueze no sabía qué podía hacer para persuadir a su hijo de que abandonara esta idea tan absurda, así que lo dejó, pues pensaba que una vez que fracasara, entraría en razón y se casaría con una buena chica de su propio pueblo.

El hijo de Na Kimanaueze, por su parte, no dejó de pensar en cómo pedir la mano de la hija del Sol y la Luna. Decidió que lo mejor sería escribir una carta a los padres de ella para pedir que la dejaran ser su esposa. Pensó muy cuidadosamente en qué decir y entonces escribió una respetuosa carta al Sol y a la Luna y la selló.

—Ahora tengo que hacer que la carta llegue al cielo —dijo el hijo de Na Kimanaueze y salió de la aldea para ver si podía encontrar a alguien que actuara como su mensajero. El hijo de Na Kimanaueze se encontró con un ciervo.

—Hola, ciervo —dijo el hijo de Na Kimanaueze—. ¿Puedes llevarle un mensaje al Sol y a la Luna de mi parte, por favor?

—¡Ay, no! —dijo el ciervo—. No puedo hacer eso en absoluto.

Entonces el hijo de Na Kimanaueze fue a la antílope y le dijo:

—Hola, antílope. ¿Puedes llevarle un mensaje al Sol y a la Luna de mi parte, por favor?

—No —dijo la antílope—. Ni siquiera sé cómo hacerlo.

El hijo de Na Kimanaueze continuó su viaje hasta que se encontró con un halcón.

—Hola, halcón —dijo el hijo de Na Kimanaueze—. ¿Puedes llevarle un mensaje al Sol y a la Luna de mi parte, por favor?

—Puedo volar muy alto y muy bien —dijo el halcón—, pero no creo que pueda llegar lo suficientemente lejos como para entregar el mensaje.

A continuación, el hijo de Na Kimanaueze habló con el buitre, pero este le dio la misma respuesta que todos los demás animales.

—No puedo hacer eso —dijo el buitre—. Lo intenté una vez, pero no pude volar lo suficientemente alto.

El hijo de Na Kimanaueze estaba muy desanimado. Había preguntado a todos los animales que conocía si podían ser su mensajero y todos le dijeron que no. El hijo de Na Kimanaueze se sentó a la orilla del río a descansar. Estaba muy triste y desesperado porque su carta fuera entregada.

La rana vio al hijo de Na Kimanaueze sentado allí, fue a verlo y le dijo:

—¿Por qué estás tan triste?

—Estoy triste porque quiero casarme con la hija del Sol y la Luna, pero no tengo forma de entregarles mi carta para pedir su mano. Le pedí al ciervo, al antílope, al halcón y al buitre que me ayudaran, y a muchos otros animales, pero todos dijeron que no.

—Entiendo —dijo Rana—. Tranquilo, creo que yo puedo ayudarte.

El hijo de Na Kimanaueze se mofó:

—El halcón y el buitre dijeron que no podían hacerlo, y vuelan en el cielo todo el día. ¿Cómo puede una rana esperar llegar al cielo y llevarles mi carta al Sol y a la Luna?

—Es cierto que no puedo volar —dijo la rana—, pero sé dónde van los sirvientes del Sol y de la Luna a buscar agua. No soy un animal volador, pero soy un animal de agua, y si me confías tu carta, me encargaré de que sea entregada, por mi honor.

El hijo de Na Kimanaueze le entregó la carta a la rana.

—Muy bien, confiaré en ti. Pero si resulta que me has estado mintiendo, las cosas irán muy mal para ti.

—Lo entiendo —dijo la rana y se alejó a saltos con la carta del hijo de Na Kimanaueze en la boca.

La rana llegó saltando al pozo donde los sirvientes del Sol y de la Luna venían a sacar agua. Se aseguró de que nadie la viera y entonces se metió en el agua. Encontró un buen lugar para esconderse y se puso a esperar. Poco después, los sirvientes llegaron al pozo y comenzaron a meter sus jarras para sacar agua. La rana esperó hasta el momento justo, entonces saltó a una de las jarras antes de que nadie pudiera verla.

Cuando los sirvientes llenaron todas sus jarras, volvieron a subir al cielo a través de las telarañas que la araña había tejido para ellos y colocaron las jarras en su lugar. La rana esperó hasta que el sonido de los pasos y las voces se desvanecieran, y entonces salió arrastrándose de la jarra. Observó la habitación y notó que había una mesa en el centro. Saltó sobre la mesa, dejó la carta allí, luego saltó y encontró un lugar para esconderse y esperar.

La rana no tuvo que esperar mucho tiempo. El Sol entró en la habitación, con la idea de beber un poco de agua, y vio la carta con su nombre y el de su esposa en el sobre. Le pareció muy extraño que una carta para él estuviera en la habitación donde se guardaba el agua. El Sol llamó a todos los sirvientes. Les mostró la carta y les preguntó:

—¿De dónde ha salido esta carta?

Pero ninguno de los sirvientes lo sabía.

El Sol abrió la carta y la leyó. La carta decía:

Yo, Kimanaueze kia Tumb'a Ndala, hijo del jefe Na Kimanaueze, pido respetuosamente la mano de la hija del Sol y la Luna en matrimonio.

El Sol estaba muy sorprendido. ¿Por qué un hombre mortal querría casarse con su hija, y más importante aún, ¿cómo se las arregló un hombre mortal para entregar la carta al cielo sin que el Sol lo supiera? Entonces el Sol salió de la habitación, sin decir nada a nadie sobre lo que había en la carta.

Cuando la rana vio que era seguro, saltó de nuevo a una de las jarras. Cuando llegó el momento de rellenar las jarras, los sirvientes bajaron por la telaraña y llevaron todas las jarras al pozo, incluida la jarra donde se encontraba la rana. Los sirvientes bajaron las jarras al agua y la rana salió sin que nadie la viera.

La rana fue entonces al hijo de Na Kimanaueze y le dijo:

—¡Lo hice! Lo entregué tu mensaje al Sol. Lo ha leído, pero no sé cuál será su respuesta.

—¡Estás mintiendo! —dijo el hijo de Na Kimanaueze—. Esto no es verdad. Escondiste esa carta en algún lugar y ahora pretendes que la subiste al cielo. Las cosas te irán muy mal ahora.

—¡Espera! —dijo Rana—. Por favor, confía en mí. Espera un poco para ver si el Sol te responde.

Pasaron seis días sin que el Sol y la Luna respondieran. El hijo de Na Kimanaueze escribió otra carta que decía:

Yo, Kimanaueze kia Tumb'a Ndala, el hijo del líder Kimanaueze, le escribí para pedirle la mano de su hija en matrimonio. Ya han pasado seis días y no he recibido ni un sí ni un no de su parte.

El hijo de Na Kimanaueze le dio la carta a la rana y le dijo:

—Lleva esta nueva carta al cielo y procura volver con una respuesta esta vez.

La rana tomó la carta en su boca y saltó al pozo. Se escondió en el pozo y cuando los sirvientes del Sol y la Luna vinieron a buscar agua, la rana saltó a una de las jarras. Esperó a que los sirvientes volvieran al cielo en la tela de araña y colocaran la jarra en su sitio. En cuanto los sirvientes salieron de la sala, la rana salió de la jarra y colocó la carta sobre la mesa. Una vez hecho esto, fue a su escondite.

Una vez más, el Sol entró en la sala para tomar un trago y otra vez vio una carta sobre la mesa. El Sol preguntó a los sirvientes:

—¿Alguien les ha estado dando cartas para que me las traigan? Pero los sirvientes dijeron que no.

El Sol entonces escribió una respuesta al hijo de Na Kimanaueze. La respuesta decía:

Te doy mi consentimiento para que te cases con mi hija bajo una condición: debes venir al cielo en persona con tu primer regalo de bodas. Deseo conocerte y saber con qué clase de hombre se casará mi hija.

El Sol dejó la carta sobre la mesa y salió de la sala.

Cuando la rana pensó que era seguro, salió de su escondite y saltó sobre la mesa. Recogió la carta del Sol y se escondió en una de las jarras de agua. Por la mañana, los sirvientes tomaron las jarras para rellenarlas en el pozo y la rana saltó, en cuanto su jarra se bajó al agua. Entonces, fue en busca del hijo de Na Kimanaueze para llevarle la respuesta del Sol.

La rana fue a la casa del hijo de Na Kimanaueze con la carta y llamó a la puerta. Desde adentro, el hijo de Na Kimanaueze dijo:

—¿Quién es?

—Es la rana. Traigo la respuesta del sol.

El hijo de Na Kimanaueze abrió la puerta y vio a la rana sentada frente a la puerta, con una carta en la boca. El hijo de Na Kimanaueze tomó la carta y la rana se alejó para hacer sus cosas.

El hijo de Na Kimanaueze leyó la carta. Fue a su baúl y sacó cuarenta piezas de oro. Puso el oro en una bolsa y escribió otra carta al Sol. La carta decía:

Aquí hay cuarenta monedas de oro como el primer regalo. Las he traído como me pidió. Espero oír lo que usted consideraría un precio justo para la novia.

Por la mañana, el hijo de Na Kimanaueze fue al río. Allí encontró a la rana y le dijo:

—Por favor, lleva esta bolsa de dinero y esta carta al cielo.

La rana se marchó con el dinero y la carta. Fue al pozo y esperó a que los sirvientes la llevaran al cielo en una de las jarras. Cuando la sala de agua estaba vacía, la rana dejó el dinero y la carta sobre la mesa, entonces se escondió y esperó.

El sol entró en la sala y vio la bolsa y la carta sobre la mesa. Abrió la bolsa y leyó la carta. Sonrió y luego fue a mostrarle a su esposa, la Luna, lo que el hijo de Na Kimanaueze había enviado.

—¿Lo ves, esposa mía? Este pretendiente nos envía un primer regalo muy bueno y, además, es el hijo de un líder. Creo que será un buen marido para nuestra hija.

—Sí, es verdad —dijo la Luna—. Creo que deberíamos dejar que se case con ella. Además, también deberíamos prepararle algo de comer mientras que se queda aquí.

La Luna llamó a los sirvientes y les dijo:

—Asen una gallina y preparen otras cosas buenas para comer. Después dejen la bandeja sobre la mesa en la sala de agua. Cuando los sirvientes habían preparado la comida, la pusieron sobre la mesa y se fueron. La rana salió de su escondite, se comió la comida y volvió a esconderse una vez más. Después de un tiempo, el Sol volvió a la sala y vio que la comida había sido comida. Entonces, escribió otra carta y la dejó sobre la mesa. La carta decía:

Has traído un buen primer regalo. Mi esposa y yo estamos complacidos. El precio de tu novia será una gran bolsa de monedas de oro.

La rana recogió la carta una vez que estuvo a salvo y se metió de nuevo en una de las jarras. Cuando volvió a la tierra, fue a ver al hijo de Na Kimanaueze, le dio la respuesta del Sol y volvió a ocuparse de sus propios asuntos en el río.

El hijo de Na Kimanaueze leyó la carta y se alegró mucho de ver la respuesta del Sol. Recogió las monedas y las metió en un gran saco. Luego escribió una carta que decía:

Aquí está el precio de la novia que solicitaron. Pronto les volveré a escribir para fijar el día en que su hija se convierta en mi esposa.

Por la mañana, el hijo de Na Kimanaueze le dio la carta y la bolsa de oro a la rana para que la llevara al cielo. La rana se metió en una de las jarras, esperó hasta que la sala de agua estuviera vacía y dejó el oro y la carta sobre la mesa. Se escondió para esperar y poco después el Sol y la Luna vinieron a ver lo que el pretendiente de su hija les había dejado. Vieron la gran bolsa de oro, leyeron la carta del hijo de Na Kimanaueze y se alegraron mucho. La Luna llamó a sus sirvientes y les dijo:

—Asen un cerdo joven para nuestro nuevo yerno y colóquenlo aquí sobre la mesa.

Los sirvientes mataron y asaron al cerdo. Lo colocaron encima de una bandeja, lo dejaron en el cuarto de agua y después se fueron. La rana saltó sobre la mesa y se comió todo el cerdo. Luego se metió en una de las jarras y esperó a que la llevaran a la tierra, donde se metió en el pozo y esperó a que los sirvientes se fueran.

La rana brincó hasta la casa del hijo de Na Kimanaueze. Llamó a la puerta y cuando el hijo de Na Kimanaueze la abrió, la rana dijo:

—Han aceptado tu precio de la novia. Ahora tienes que fijar la fecha para la boda.

Ahora el hijo de Na Kimanaueze tenía un nuevo problema. No podía enviar a la rana al cielo para que bajara a su futura esposa; seguramente la rana era demasiado pequeña para semejante tarea. ¿Pero cómo podía traer a la hija del Sol y la Luna a la tierra? El hijo de Na Kimanaueze fue y les preguntó a todos los animales grandes que pensó que podrían subir al cielo y traer a su novia de vuelta, pero todos los animales dijeron que no podrían hacerlo. El hijo de Na Kimanaueze regresó a la orilla del río para sentarse a pensar.

La rana lo vio allí y le preguntó:

—¿Qué es lo que te preocupa?

—No puedo encontrar a nadie que baje a mi futura esposa del cielo.

—Déjame a mí hacerlo —dijo la rana.

—Rana, esa es una oferta muy generosa —dijo el hijo de Na Kimanaueze—, pero seguramente eres una criatura demasiado pequeña para tal labor. Además, no creo que deba pedirte que hagas nada más por mí; ya me has ayudado tanto, que no me atrevo a pedirte nada más.

—No temas —dijo la rana—. Soy una criatura muy pequeña, pero también muy lista y traeré a tu futura esposa a la tierra.

—Gracias —dijo el hijo de Na Kimanaueze—. Esperaré tan pacientemente como pueda a que vuelvas con ella.

La rana fue al pozo a esperar a los sirvientes del cielo. Cuando llegó al cielo, fue a su escondite favorito y esperó a que cayera la noche. Después de muchas horas, el Sol se fue a dormir, y todo estaba oscuro y tranquilo. La rana salió de su escondite y saltó al dormitorio de la hija del Sol y la Luna. Saltó a la cama de la joven y le sacó los ojos. Envolvió los ojos en un paño limpio y volvió a su escondite para dormir hasta la mañana.

Llegó la mañana. El Sol se levantó y los sirvientes comenzaron a ocuparse de las labores de la casa. Pero había algo que andaba mal; la hija del Sol y la Luna solía levantarse cuando su padre lo hacía, pero aquella mañana no se encontraba en ningún sitio. Enviaron a una sirvienta para ver si estaba bien. La sirvienta la encontró todavía en su cama, la hija del Sol y la Luna estaba llorando.

—¿Por qué no te levantas? —preguntó la sirvienta.

—No me levanto porque me pasa algo en los ojos —dijo la joven—. No veo nada.

La sirvienta le contó al Sol y a la Luna lo que le pasaba a su hija. Entonces, ellos fueron a su habitación y preguntaron:

—¿Qué te pasa, hija?

—Algo le pasa a mis ojos. No puedo ver nada en absoluto —dijo.

El Sol llamó a los mensajeros. Cuando llegaron, el Sol dijo:

—Bajen a la tierra. Encuentren al doctor brujo Ngombo. Vean si puede decirnos qué le pasa a nuestra hija.

Los mensajeros fueron a la casa de Ngombo. Cuando llegaron, dijeron:

—Estamos aquí para pedirle consejo.

Ngombo entró en su casa y volvió con las cosas que necesitaba para averiguar lo que había que hacer y por qué los mensajeros estaban allí. Ngombo se sentó en el suelo y esparció sus objetos de adivinación. Los miró de cerca y dijo:

—Han venido a preguntarme sobre alguien que tiene una enfermedad en los ojos. Esta persona es una mujer. Además, les enviaron aquí a mí; no vinieron porque quisieran. ¿He dicho la verdad?

—Sí —dijeron los mensajeros. Todo lo que ha dicho es verdad.

Luego Ngombo esparció sus objetos de adivinación de nuevo. Los miró de cerca y dijo:

—La mujer que tiene la enfermedad en los ojos está prometida, pero la boda aún no ha tenido lugar. Su futuro marido dice: «Yo soy el que ha dejado a la mujer ciega. Envíenmela a mí. Si no lo hacen, ella morirá». Deben llevar a la mujer con su esposo tan pronto como sea posible. Ya he dicho mi opinión. Deben hacer lo que les digo.

Los mensajeros regresaron al cielo y le dijeron al Sol todo lo que Ngombo había dicho.

—Muy bien —dijo el Sol. La bajaremos mañana.

Por la mañana, la rana volvió a la Tierra en una de las jarras de agua. Fue a la casa del hijo de Na Kimanaueze y le dijo:

—Te casarás con tu prometida hoy mismo.

—Creo que estás mintiendo, rana ingeniosa —dijo el hijo de Na Kimanaueze—. Yo no la veo aquí.

—Estará aquí al atardecer —dijo la rana—. Solo tienes que esperar.

Mientras la rana regresaba a la tierra en una jarra, el Sol fue a la araña y le dijo:

—Necesito enviar mi hija a su marido hoy. ¿Puedes tejer una red lo suficientemente fuerte para bajarla con seguridad?

—Por supuesto —dijo la araña—. La tejeré antes de que acabe el día.

La araña se puso a tejer una gran telaraña. Hiló una y otra vez su seda. Le tomó casi todo el día, pero finalmente estaba lista.

Hacia el final del día, la rana volvió al pozo a esperar. Cuando el Sol comenzó a ponerse, los sirvientes del Sol bajaron a su hija a la tierra en la telaraña especial que la araña había tejido para ella. La llevaron al pozo donde obtenían su agua y después volvieron al cielo.

Cuando la rana vio que la joven se encontraba de pie junto al pozo, le dijo:

—¡No tengas miedo! Estoy aquí para llevarte con tu marido y para curarte los ojos.

La rana le devolvió los ojos a la joven y la llevó a la casa del hijo de Na Kimanaueze. Llamó a la puerta y cuando el hijo de Na Kimanaueze respondió, la rana dijo:

—Aquí está tu esposa, la hija del Sol y la Luna.

Los dos jóvenes se miraron y se alegraron mucho. Pronto se celebró la boda, en un ambiente de una gran alegría. Después de la boda, el hijo de Na Kimanaueze y la hija del Sol y la Luna vivieron una larga y feliz vida juntos.

Parte II: Cuentos de héroes

Los hermanos gemelos *(provincia de Cabinda, Angola)*

Cabinda es una provincia de Angola que se encuentra fuera de las fronteras de ese país. Cabinda limita en cambio con la República Democrática del Congo al sur y al este y con la República del Congo al norte.

La historia de los hermanos gemelos que se cuenta aquí es típica de los cuentos de héroes. Tenemos a dos hermanos, Mavungu y Lembe, que muestran un desarrollo excepcional y tienen poderes extraordinarios. Estos poderes se encuentran en un encanto con el que nace cada niño y que les permite hacer todo tipo de magia.

La historia que se relata a continuación sigue una línea común: un hermano se dirige a buscar su fortuna y, cuando no regresa, el otro sale a buscarlo. La búsqueda es exitosa, pero a diferencia de muchas otras historias de este tipo, no termina bien; esta historia concluye con un giro violento.

Una vez hubo una mujer que estaba embarazada. Cuando llegó el momento de dar a luz, el parto fue muy largo y muy difícil, pero al final dio a luz a dos niños gemelos. La mujer llamó a los niños Mavungu y Lembe. Mavungu fue el primero en nacer y Lembe le siguió.

Ahora bien, estos muchachos no eran niños comunes y corrientes. Cada uno de ellos nació con un valioso encanto y ya estaban casi completamente crecidos al nacer. Y así fue como Mavungu decidió al poco tiempo de nacer que emprendería sus viajes.

En ese momento, la hija de Nzambi, del creador de todas las cosas, tenía edad para casarse. El leopardo fue a Nzambi y le dijo:

—Me gustaría tener la mano de su hija en matrimonio.

Nzambi respondió:

—Tendrás que pedirle su consentimiento primero. A ella le corresponde decidir a quién tendrá como marido.

El leopardo fue a la hija de Nzambi y le pidió que se casara con él. Ella se negó, el leopardo se fue a casa y se sintió muy triste.

Otros animales vinieron a ofrecerse como maridos para la hija de Nzambi: la gacela, el jabalí y todos los demás animales que tenían aliento. Uno por uno pidieron la mano de la joven y ella los rechazó.

Mavungu pronto se enteró de que la hija de Nzambi estaba recibiendo pretendientes. Decidió que la ganaría para su esposa. Mavungu le pidió a su encanto ayuda en su misión. Entonces tomó muchas hojas de hierba y, con la ayuda de su encanto, las transformó en diferentes cosas que podía usar en su viaje. Una hoja de hierba se convirtió en un cuchillo, otra en un caballo. De esta manera transformó todas las hojas de hierba hasta que sintió que tenía todo lo que necesitaba y cuando esto ocurrió, emprendió su viaje.

Mavungu viajó sin cesar. Recorrió muchos, muchos kilómetros, durante toda la mañana y hasta bien entrada la tarde, hasta que finalmente se desmayó de hambre. Sacó su encanto y le dijo:

—¿Tienes pensado dejarme morir de hambre?

En un abrir y cerrar de ojos, el encanto le ofreció un delicioso festín a Mavungu. Mavungu comió hasta quedar contento y satisfecho.

Cuando terminó, Mavungu dijo:

—Encanto, no está bien que todos estos platos se queden aquí en el suelo para que cualquier transeúnte los tome. Hazlos desaparecer.

Y así el encanto hizo que todo desapareciera.

Mavungu reanudó su viaje. Pronto el sol comenzó a ponerse. Mavungu le dijo a su encanto:

—Necesitaré un lugar para dormir por la noche.

Dicho esto, el encanto preparó un buen lugar para dormir para Mavungu donde pudiera descansar con comodidad y seguridad hasta la mañana.

Cuando salió el sol, Mavungu le dijo al encanto que limpiara su lugar de dormir y luego reanudó su viaje. Viajó sin cesar durante muchos días y después de eso, durante otros días más, hasta que finalmente llegó a la ciudad de Nzambi. La hija de Nzambi lo vio acercarse y se enamoró de él inmediatamente. Corrió hacia sus padres y les dijo:

—He visto al hombre con el que me casaré. Lo amo y si no puedo casarme con él, mi vida se terminará.

Mavungu se abrió paso por el pueblo y finalmente llegó a la casa de Nzambi donde habló con él.

—He oído que su hija se va a casar —dijo Mavungu—. Me ofrezco para ser su marido.

—Ve y habla con ella —dijo Nzambi—. Si ella lo acepta, entonces puedes casarte con ella.

Mavungu fue a hablar con la hija de Nzambi y cuando se vieron por primera vez, se dieron cuenta de que se amaban. Se abrazaron y después corrieron a decirle a los padres de la joven que les gustaría casarse. Y así fue como Mavungu y su prometida fueron a una hermosa casa, donde durmieron juntos mientras el resto de la ciudad bailaba, cantaba y festejaba hasta bien entrada la noche.

Por la mañana, Mavungu se despertó y notó que la casa contenía muchos espejos, todos cubiertos por una tela. Mavungu despertó a su esposa y le dijo:

—¿Por qué todos estos espejos están cubiertos? Me gustaría verme en uno de ellos. ¿Puedes quitarle la cubierta?

—Por supuesto —dijo la joven y levantó la tela de uno de los espejos, pero cuando Mavungu se miró en él, no se vio a sí mismo sino al pueblo en el que nació.

—Muéstrame otro —dijo Mavungu y la joven también le quitó la cubierta a ese espejo. En ese espejo, Mavungu vio otro pueblo que conocía. La joven iba mostrando espejo tras espejo y en cada uno de ellos Mavungu veía un lugar en el que ya había estado antes.

Finalmente, solo quedaba un espejo cubierto.

—Quítale la cubierta a ese también —dijo Mavungu.

—No me atrevo —dijo su esposa.

—¿Por qué no? —preguntó Mavungu.

—Porque ese es un pueblo del que nadie ha regresado todavía. Si lo ves, sé que querrás ir allí y, si vas, nunca volverás a casa para estar junto a mí.

—A pesar de eso, quiero verlo —dijo Mavungu.

La joven se negó incluso con más firmeza, pero Mavungu siguió preguntándole hasta que finalmente cedió. Cuando levantó la tela del espejo, Mavungu se miró en él y vio un lugar muy horrible que seguramente era el pueblo más peligroso del mundo.

Mavungu dijo:

—Ese es un lugar al que debo ir.

—¡No! ¡Por favor no vayas allí! —dijo la joven—. ¡Si vas, nunca volverás a mí y no puedo vivir sin ti!

Pero por más que la joven suplicara y por más lágrimas que derramara, Mavungu se mantuvo firme en su resolución. Recogió sus cosas, subió a su caballo y salió en busca de la horrible ciudad de la que nadie había regresado.

Después de muchos días de viaje, Mavungu finalmente llegó a las afueras de la ciudad. Allí vio a una anciana sentada junto al fuego.

—Saludos, madre —dijo Mavungu—. ¿Me das un poco de tu fuego para encender mi pipa?

—Por supuesto —dijo la anciana—. Ata tu caballo con firmeza y después acércate para tomarlo tú mismo.

Mavungu se bajó, ató su caballo con fuerza y se dirigió hacia donde estaba sentada la anciana. Pero cuando se acercó lo suficiente, la anciana lo mató y después mató a su caballo.

Mientras tanto, en el pueblo natal de Mavungu, su hermano gemelo, Lembe, se estaba preocupando porque hacía mucho tiempo que no sabía nada de Mavungu. Lembe tomó su encanto con un puñado de hierba y usó el encanto para convertir la hierba en todo lo que necesitaba para su viaje. Una hoja de hierba se convirtió en un cuchillo, otra en un caballo y así sucesivamente hasta que obtuvo todo lo que necesitaba. Entonces, Lembe partió en busca de su hermano.

Después de muchos días de viaje, Lembe finalmente llegó a la ciudad de Nzambi. Nzambi lo vio y fue corriendo a saludarlo.

—¡Mavungu! —dijo Nzambi—. ¡Por fin has vuelto a casa!

—No soy Mavungu —dijo Lembe—. Soy su hermano, Lembe.

—Qué cosas dices —dijo Nzambi—. Sé quién eres. Eres mi yerno y ahora que estás en casa, haremos un gran festín.

Y así se preparó el festín y todos en el pueblo se regocijaron, especialmente la hija de Nzambi. Estaba tan contenta que no podía dejar de bailar y cantar, y seguía llamando a Lembe por el nombre de su hermano. No importaba cuán a menudo o cuán fuerte protestara Lembe, la joven se negaba a creer que Lembe no era su marido.

Cuando el sol se puso y el festín terminó, la hija de Nzambi llevó a Lembe a la casa que compartía con su marido. Lembe rechazó los abrazos de Nzambi y dijo:

—Estoy demasiado cansado de mi viaje. Lo haremos en otro momento.

La hija de Nzambi estaba decepcionada, pero no protestó. Cuando se durmió, Lembe le dijo a su encanto que preparara una habitación separada para la joven. El encanto hizo lo que Lembe le pidió, y así la hija de Nzambi durmió en un lugar y Lembe, en otro. Por la mañana, el encanto devolvió a la hija de Nzambi al lugar donde dormía Lembe, así que ella no sabía que no había dormido a su lado.

Por la mañana, Lembe notó que la casa estaba llena de espejos cubiertos con telas. Como su hermano había hecho antes que él, Lembe pidió a la hija de Nzambi que le quitara las telas y le dejara ver los espejos. Ella iba quitando las telas una por una hasta que solo quedaba el espejo que mostraba la terrible ciudad. La hija de Nzambi se negó al principio a quitar la tela de este espejo, pero finalmente cedió ante la insistencia de Lembe y le dejó verlo. Tan pronto como Lembe se miró en el espejo, supo dónde había ido su hermano.

Lembe se preparó para ir a buscar a su hermano, pero cuando Nzambi descubrió lo que estaba haciendo, dijo:

—Por favor, no te vayas. Es un lugar terrible al que vas a ir. Nadie regresa nunca con vida. Piensa en mi hija, tu joven esposa. Apenas te has casado y todo el tiempo que estuviste fuera, ella estuvo triste y afligida.

Lembe dijo:

—Sí, lo sé y lamento su angustia, pero debo continuar este viaje. Y no hay que temer: ya he vuelto de allí una vez, así que seguramente volveré una segunda vez.

Y así Lembe emprendió su viaje y, después de muchos días de travesía, llegó a las afueras de la ciudad. Allí vio a la anciana sentada junto al fuego.

—Saludos, madre —dijo Lembe—. ¿Me das un poco de tu fuego para encender mi pipa?

—Por supuesto —dijo la anciana—. Ata tu caballo con firmeza y después acércate para tomarlo tú mismo.

Lembe se bajó del caballo, pero cuando lo ató, no lo hizo con mucha fuerza. Entonces se dirigió al fuego y cuando llegó a donde estaba sentada la anciana, la mató. Cuando la anciana murió, Lembe buscó los huesos de su hermano y los de su caballo. Pronto los encontró y, cuando los puso en orden, los tocó con su encanto. Mavungu y su caballo volvieron a la vida.

Mavungu y Lembe se regocijaron al volver a verse y, cuando terminaron de saludarse, buscaron los huesos de todas las personas que la anciana había matado y las devolvieron a la vida. Luego emprendieron el viaje de regreso a la ciudad de Nzambi, con toda la gente resucitada detrás de ellos.

En el camino de vuelta al pueblo de Nzambi, Lembe explicó lo que había sucedido mientras estaba allí, cómo todos insistían en que él era Mavungu, y cómo Lembe se había asegurado de que él y la esposa de su hermano habían dormido por separado. Mavungu estaba muy agradecido de que su hermano hubiera sido tan considerado.

Viajaron durante un tiempo y entonces Lembe dijo:

—¿Qué haremos con todas estas personas que nos siguen?

—Creo que yo debería ser su líder porque soy el mayor —dijo Mavungu.

—Sí, pero fui yo quien te devolvió la vida —dijo Lembe—. Seguramente eso cuenta para algo.

Los hermanos discutieron sin cesar y finalmente Mavungu se enfadó tanto que mató a su hermano. Mavungu y los demás hombres reanudaron su viaje, pero el caballo de Lembe se quedó atrás junto al cuerpo de Lembe. Cuando los otros estaban fuera de la vista, el caballo tomó el encanto de Lembe y tocó su cuerpo con él. Lembe volvió a la vida de nuevo. Entonces montó su caballo y fue en busca de su hermano.

Mientras tanto, Mavungu llegó a casa con todos los hombres resucitados. Nzambi y el resto del pueblo se regocijaron al ver que había regresado a salvo, pero ninguno se regocijó más que la esposa de Mavungu. Al igual que antes, Nzambi ordenó que se celebrara un gran festín para celebrar el regreso seguro de Mavungu.

Durante el festín, llegó Lembe. Se acercó a Mavungu y lo mató. La gente del pueblo estaba horrorizada, pero Lembe explicó lo que había pasado y la gente estuvo de acuerdo en que Lembe había actuado de forma correcta.

La Historia de Uthlakanyana *(Zulú, Sudáfrica)*

Uthlakanyana es el héroe embaucador de una serie de cuentos zulúes, dos de los cuales se relatan a continuación. Como muchos embaucadores y héroes, Uthlakanyana tiene un origen milagroso y exhibe poderes sobrehumanos desde el día en el que nace. Comienza a mostrar su lado embaucador desde el principio: primero al engañar a todos los hombres de la aldea y quitarles la carne; luego a su madre, al comerse las aves que había cocinado mientras aún dormía y después al convencerla de que las había cocinado tanto tiempo que solo quedaban las cabezas. La segunda historia también gira en torno a la cocina y la comida, pero esta vez las víctimas de la astucia de Uthlakanyana pertenecen a una familia de caníbales. Uthlakanyana engaña a una madre caníbal para que se hierva a sí misma hasta morir y luego engaña a sus hijos para que se la coman.

Para los lectores occidentales, el comportamiento de Uthlakanyana hacia su propia madre puede parecer extraño en el mejor de los casos y cruel en el peor. Sin embargo, en una nota de su narración de la historia, el autor Henry Callaway dice que probablemente esto sea un intento por parte de Uthlakanyana de darse una excusa razonable para irse, sin la cual no puede cortar los lazos con su madre para salir al mundo por sí mismo.

El nacimiento de Uthlakanyana

Había una vez una mujer que estaba esperando un hijo. Cuando se acercaba el momento de su nacimiento, escuchó una pequeña voz que decía:

—¡Madre! ¡Dame a luz ahora! ¡La gente se está comiendo todo el ganado de mi padre!

—¿Qué es esto? —se dijo la madre—. No es hora de que mi hijo nazca y un niño no puede hablar. Debo de estar escuchando cosas.

Pero la voz llegó de nuevo y decía:

—¡Madre! ¡Dame a luz ahora! ¡La gente se está comiendo todo el ganado de mi padre!

La mujer fue a ver a su marido, que era el rey de la aldea y se encontraba en el kraal para sacrificar el ganado. La mujer le dijo a su marido lo que había pasado. La gente de allí también escuchó lo que la mujer dijo.

—¡Escuchemos lo que dice el niño! —dijo la gente.

—¡Sí! —dijo el padre—. Guardemos silencio para poder escuchar al niño juntos.

Todos se quedaron muy quietos y esperaron. Pronto una voz vino del vientre de la madre y decía:

—¡Madre! ¡Dame a luz ahora! ¡La gente se está comiendo todo el ganado de mi padre y aún no he tenido mi parte!

Toda la gente estuvo de acuerdo en que esto era algo muy asombroso. Entonces el padre dijo:

—Todos ustedes deben volver a sus casas. Mi esposa va a dar a luz ahora.

Todos salieron de la casa y la mujer dio a luz al niño. Cuando la mujer vio a su hijo, se quedó bastante asombrada, porque, aunque era muy pequeño, parecía un anciano y ya podía ponerse de pie y caminar por sí mismo. El niño fue al lugar donde los hombres estaban sentados comiendo carne alrededor del fuego. Cuando los hombres vieron a la criatura acercarse, se asustaron y salieron corriendo, porque la criatura era pequeña como un bebé, pero parecía un anciano. El niño no hizo caso a los hombres. Simplemente tomó un trozo de carne que los hombres habían cocinado, se sentó junto al fuego y comenzó a comer.

Los hombres fueron a ver a la madre del niño y le preguntaron:

—Esa criatura que come carne junto a nuestro fuego, ¿es el niño que habló dentro de ti y al que acabas de dar a luz?

—Sí, así es —dijo la madre.

Los hombres se asombraron de esto.

—Esta es una maravilla que ha sido creada para nosotros. Seguro que eres una reina y este niño va a ser uno de los grandes entre nosotros.

El niño escuchó lo que los hombres y su madre dijeron de él, así que fue a su padre y le dijo:

—Padre, sé que tú y los otros piensan que soy solo un niño, pero no lo soy. Deseo que hagas una prueba que demuestre que soy un hombre maduro. Reúne a todos los hombres y muchachos del pueblo en el kraal. Después toma la pata entera de un buey y arrójala fuera del kraal. A tu orden, todos los hombres y muchachos intentarán ser los primeros en agarrar la pierna y traerla al kraal. Quienquiera que haga esto será conocido como un hombre de verdad.

El padre aceptó hacerlo, así que reunió a todos los hombres y muchachos en el kraal. Luego tomó la pata de un buey y la arrojó fuera del kraal. Por orden del padre, todos los hombres y muchachos se dirigieron hacia la puerta del kraal y se empujaron los unos a los otros, para ser los primeros en atravesar la puerta y así ser los primeros en agarrar la pata. Pero el niño se mantuvo alejado de la muchedumbre de cuerpos y en su lugar se arrastró bajo los barrotes del kraal. Corrió hacia la pata, la agarró, la levantó sobre su cabeza y se la llevó a su madre para que la cocinara antes de que el primero de los hombres y muchachos lograra escapar por la puerta.

Cuando el niño llegó a la casa de su madre con la pata del buey, le dijo:

—Madre, aquí está la carne que te he traído.

Su madre respondió:

—Este es un buen día y estoy muy feliz porque mi hijo es un hombre muy sabio.

El niño regresó al kraal, donde su padre estaba matando un novillo y dando carne a los hombres del pueblo. El padre estaba a punto de dar un trozo de carne a uno de los hombres, cuando el niño se acercó y dijo:

—Dame esa carne. La llevaré a tu casa por ti.

—Por supuesto —dijo el hombre.

—¡Gracias! —dijo el niño.

El niño tomó la carne y entró en la casa del hombre. Tomó un poco de sangre de la carne y la untó en la alfombra y el palo para colgar, y luego llevó la carne a la casa de su madre. Cuando eso se hizo, el niño regresó al kraal, donde su padre estaba a punto de dar un trozo de carne a otro hombre.

—Dame esa carne —dijo el niño—. La llevaré a tu casa por ti.

—Por supuesto —dijo el hombre.

—¡Gracias! —dijo el niño.

Al igual que lo había hecho con el trozo de carne del primer hombre, el niño tomó la carne y untó un poco de sangre en la alfombra y el palo de colgar, después llevó la carne a la casa de su propia madre. De esta manera, el niño tomó la carne destinada a cada hombre del pueblo y se la llevó a su propia madre.

Cuando los hombres entraron en sus casas, vieron que las alfombras de almacenamiento y los palos para colgar estaban llenos de sangre, pero que la carne no se encontraba en ningún sitio, ya que el niño había llevado la carne a la casa de su madre. Los hombres fueron a ver al niño y le dijeron:

—Te dimos nuestra carne y nos dijiste que la llevarías a nuestras casas. Hay sangre en la alfombra como si hubiera sido puesta allí y en el palo para colgar como si hubiera sido usado para colgar la carne, pero no podemos encontrar la carne en ninguna parte. ¿Qué has hecho con nuestra carne?

Pero el niño no les daba ninguna respuesta, excepto que la carne estaba en sus casas y que la sangre en los utensilios lo atestiguaba.

Las mujeres del pueblo habían observado lo que había pasado durante todo el día. Cuando vieron la confusión de sus hombres, todas dijeron:

—¿Es que no lo entienden? Este niño es Uthlakanyana. ¿No han visto que, aunque tiene la estatura de un niño, camina y se comporta como un hombre? ¿No han entendido que hoy les ha engañado, no una vez, sino muchas veces? Seguramente no ha sido engendrado de la manera habitual. Seguramente, el rey de nuestro pueblo no es su padre. Este niño es diferente y asombroso. Habló cuando aún estaba en el útero y ha superado a todos los hombres de este pueblo el mismo día en el que nació. Seguramente, hará muchas cosas grandes.

Uthlakanyana y el caníbal

Un día, Uthlakanyana bajó al río para cazar. Mientras buscaba una presa, se encontró con una gran cantidad de trampas para aves. Cada una de ellas tenía un ave dentro. ¡Algunas trampas incluso tenían dos o tres! Uthlakanyana sacó todas las aves de las trampas y las llevó a casa de su madre.

—Madre, por favor, quítame esta pesada carga —dijo.

—¿Qué es lo que llevas, hijo mío? —preguntó su madre.

—Atrapé muchas aves cuando salí a cazar hoy y estoy cansado de llevarlas todas.

La madre tomó las aves de su hijo y se maravilló de cuántas había capturado.

—Mi hijo es un hombre maduro y sabio también —dijo—. ¡Qué buena cacería de aves me trae!

—Cocínalas todas, madre —dijo el niño—. Colócalas en una olla y cierra bien la olla con estiércol de vaca. Pon la olla sobre el fuego durante la noche, pues me comeré las aves por la mañana. Pero esta noche, dormiré en otro lugar. Iré a la casa donde duermen los demás muchachos.

Después de decir eso, el niño salió de la casa de su madre y fue a la casa donde todos los muchachos dormían juntos. Cuando el niño llegó a la casa donde los muchachos dormían, todos le dijeron:

—¡Fuera! No te queremos aquí.

—¿Por qué? —dijo el niño—. Soy un muchacho y por lo tanto se me debería permitir dormir aquí con vosotros, que sois todos muchachos. ¿O es que creen que soy una muchacha?

—No —dijeron los muchachos—, pero no nos fiamos de ti. Te llevaste toda la carne que les pertenecía a nuestros padres, la carne que el rey les había dado. Y sabemos que el rey no es realmente tu padre.

—¿Es eso cierto? —preguntó el niño—. Entonces, ¿quién es mi padre?

—No tenemos ni idea —respondieron los muchachos—, pero eres una especie de niño prodigio, eso es seguro, y es probable que hagas alguna travesura si te dejamos dormir aquí.

—Muy bien, entonces —dijo el niño—, estaba pensando en irme, pero ya que están diciendo estas cosas tan feas, me quedaré y dormiré aquí solo para fastidiarles.

Los muchachos se rieron:

—No podrías luchar contra nosotros, aunque lo intentaras. Puede que seas muy inteligente con las palabras, pero naciste ayer y no tienes la fuerza para vencernos. Pero eres muy inteligente con las palabras y ni nosotros ni nuestros padres podemos vencerte de esa manera.

Y entonces los muchachos le dieron la espalda al niño y se fueron a dormir. Pronto Uthlakanyana también se durmió. Por la mañana, Uthlakanyana volvió a la casa de su madre. Allí encontró que su madre aún estaba durmiendo. Uthlakanyana abrió la olla donde las aves se estaban cocinando y encontró que ya estaban listas para comer. Se comió los cuerpos, pero dejó las cabezas. Después salió a buscar estiércol de vaca. Lo metió en el fondo de la olla y colocó las cabezas de las aves encima. Después de hacer esto, selló la olla de nuevo, tal como estaba antes de que comiera las aves y, mientras tanto, su madre dormía.

Uthlakanyana salió de la casa de su madre. Caminó un poco hacia el pueblo, luego dio la vuelta y regresó. Se detuvo en la puerta de la casa de su madre y dijo:

—¡Madre! ¡Estoy aquí! ¡Abre la puerta, por favor!

Su madre le abrió la puerta y él entró en su casa.

—Estoy muy hambriento y ya es muy tarde en la mañana —dijo Uthlakanyana—. Seguramente has dormido demasiado. Esas aves probablemente se han convertido en estiércol dentro de la olla por quedarse allí tanto tiempo.

Uthlakanyana abrió la olla.

—¡Mira! ¡Tenía razón! Todas las aves están convertidas en estiércol.

—¿Cómo sucedió esto? —preguntó su madre.

—Sé cómo sucedió, aunque tú no lo sepas —dijo Uthlakanyana—. Soy un hombre adulto, pero parece que tú no eres más que una niña pequeña. Te hablé cuando aún estaba en el útero, diciéndote que me dieras a luz. Soy mayor que tú, muy, muy mayor. Y tú no eres mi madre ni tu esposo, el rey, es mi padre. Me alegró nacer de ti, pero ahora es hora de que me vaya. Debo irme de viaje, pero tú y tu esposo deben quedarse aquí y vivir juntos.

La madre sacó las cabezas de las aves y el estiércol de la vaca de la olla.

—Tenías razón cuando dijiste que los cuerpos de las aves se convertirían en estiércol —dijo.

—Déjame verlas —dijo Uthlakanyana y cuando ella le mostró las cabezas de las aves, él las tomó y se las comió todas. Luego le dijo a su madre—: Te has comido todas mis aves, así que yo me he comido todas sus cabezas.

Entonces Uthlakanyana tomó su bastón, salió de la casa de su madre y comenzó sus viajes. Estaba murmurando todo el tiempo sobre lo enfadado que estaba porque su madre se había comido todas las aves ella misma y no le había dejado nada más que las cabezas.

Uthlakanyana anduvo sin cesar y llegó a un lugar donde se habían colocado muchas trampas para aves. Cada una de estas trampas tenía aves, así que Uthlakanyana las tomó y pensó que más tarde servirían para hacer una buena comida. Pero las trampas le pertenecían a un caníbal malvado y, tan pronto como Uthlakanyana sacó la última ave de las trampas, el caníbal lo agarró y le gritó:

—¿Por qué sacas mis aves de mis trampas?

—Ay, por favor, por favor no me hagas daño —dijo Uthlakanyana y dejó caer todas las aves—. ¡No me he llevado nada! ¡Por favor, déjame ir!

Pero el caníbal era muy listo; pues había untado las trampas con liga de aves y Uthlakanyana llevaba las manos manchadas con un poco de liga.

—Sí que tomaste mis aves —dijo el caníbal—, porque veo que tus manos están manchadas con la liga que puse en las trampas para atrapar a ladrones como tú.

—¡Por favor, déjame ir! —dijo Uthlakanyana—. Por favor, no me hagas daño. Llévame a casa con tu madre. En el camino podemos limpiar la liga de las aves y, si me tratas bien, seré una delicia para comer. Llévame a casa con tu madre y ella podrá cocinarme para tu cena. Pero deberás salir de casa mientras me cocino porque si no, el plato se estropeará y no valdrá la pena comerlo.

—Muy bien —dijo el caníbal y recogió las aves que Uthlakanyana había dejado caer y lo llevó a la casa de su madre. Cuando llegaron, el caníbal le dijo a su madre—: Mira a este pequeño ladrón que atrapé robando de mis trampas. Dice que sabe delicioso, pero que tengo que salir de la casa mientras él se cocina en la olla. Ya es tarde y estoy cansado. Cocínalo mañana por la mañana, cuando haya salido de casa.

Entonces el caníbal y su madre le dieron a Uthlakanyana un lugar para dormir y se fueron a sus propias camas.

Por la mañana, el caníbal le dijo a su madre:

—Madre, cocina a mi pequeño ladrón. Cocínalo bien para que tenga una sabrosa cena cuando vuelva a casa.

Entonces el caníbal se fue.

Uthlakanyana le dijo a la madre del caníbal:

—Estaré más tierno y sabroso si me pones en el tejado para secarme un poco al sol antes de cocinarme. Puedes volver a la cama hasta que esté bien seco. Te llamaré cuando termine.

—Muy bien —dijo la madre del caníbal, puso a Uthlakanyana en el tejado de la casa y se volvió a la cama.

Esto fue algo muy inteligente que Uthlakanyana había hecho, ya que desde el tejado de la casa podía ver por dónde se había ido el caníbal. El caníbal se alejó un poco de la casa, donde se encontró con su hermano, y juntos se alejaron por una colina.

Cuando el caníbal y su hermano se fueron, Uthlakanyana bajó del tejado y entró en la casa.

—Ya estoy seco —dijo—. Vamos a empezar a cocinar. Conozco un juego al que podemos jugar que me convertirá en el plato más sabroso que su hijo haya comido jamás. Te mostraré cómo se juega. Necesitaremos la olla más grande que tengas, porque cuando esté todo hervido, me hincharé y no queremos que la olla explote.

La madre sacó la olla más grande que tenía, la llenó con agua y la puso a calentar en el fuego. Cuando eso se hizo, Uthlakanyana dijo:

—Así es como jugamos. Primero, me hiervo un poco, luego salgo de la olla. Luego te subes y te hierves un poco. Después intercambiamos.

Después de esperar a que el agua se calentara un poco, Uthlakanyana quitó la tapa de la olla y comprobó la temperatura del agua con su mano.

—Sí —dijo—, ya está lo suficientemente caliente como para empezar a cocinarme.

La madre del caníbal tomó a Uthlakanyana y lo puso en la olla, entonces selló la olla con una tapa. Después de un rato, Uthlakanyana dijo:

—¡Ahora te toca a ti! Sácame, por favor.

Cuando Uthlakanyana salió de la olla, miró el fuego.

—Vaya por dios. Así no se cocinará nunca. Tenemos que avivar el fuego un poco.

Y entonces él avivó el fuego hasta que rugió bien debajo de la olla, y el agua comenzó a vaporizarse y a burbujear.

—¡Mira! —dijo— Eso significa que la olla ya está lista para ti. Quítate toda la ropa y entra. Es bastante caluroso y agradable ahí dentro.

Cuando la madre del caníbal se desnudó, Uthlakanyana la puso en la olla y la cubrió con una tapa. Pronto la madre comenzó a gritar desde el interior de la olla.

—¡Ayuda! ¡Déjame salir! ¡Estoy hervida hasta la muerte! ¡Déjame salir!

—¿Cómo puedes decir que ya estás hervida hasta la muerte? —preguntó Uthlakanyana—. Si estuvieras muerta, no serías capaz de hablar. No, no te creo. Debes terminar tu turno en la olla, como yo terminé el mío.

Después de un rato, Uthlakanyana le preguntó a la madre:

—¡Oye! ¿Ya estás hervida?

Pero no hubo respuesta desde la olla, así que Uthlakanyana dijo:

—Ahora sí que debe de estar bien hervida, porque no me responde.

Entonces Uthlakanyana se puso la ropa de la madre del caníbal y su cuerpo creció hasta que encajó perfectamente en las prendas. Se acostó en la cama de la madre y esperó a que su hijo volviera a casa. Muy pronto, el caníbal y su hermano regresaron.

—Hola, madre —dijo el caníbal—. ¿Este pequeño ladrón se ha cocinado bien y ya está listo para comer?

—Sí —dijo Uthlakanyana, pretendiendo ser la madre del caníbal—. Se cocinó muy bien. Incluso se expandió bastante en la olla, así que hay más carne de la que pensé que habría. Tú y tu hermano sírvanse; yo ya he comido bastante y estuvo muy rico.

Los caníbales abrieron la olla y sacaron un brazo.

—Espera —dijo el hermano del caníbal—. Este se parece mucho al brazo de nuestra madre.

—No deberías decir eso —dijo el caníbal—. Vas a traer una maldición sobre nuestra madre.

—Lo siento —dijo el hermano—. Retiro lo dicho.

Y así se comieron el brazo.

Después de haberse comido el brazo, metieron la mano en la olla y sacaron una pierna. El hermano del caníbal observó el pie y dijo:

—¿No se parece mucho al pie de nuestra madre? Pero supongo que no debería decir eso, ya que no quiero que caiga una maldición sobre ella.

Haciéndose pasar por la madre de los caníbales, Uthlakanyana dijo:

—Por favor, no se preocupen; estoy aquí, sana y salva. Es solo el pequeño ladrón el que está en la olla. —Luego se levantó y fue a la puerta de la casa—. Voy a salir un rato —dijo—. Ustedes dos terminen su cena. ¡Hay mucha comida!

El caníbal metió la mano en la olla y sacó la otra pierna. Miró muy de cerca el pie y dijo:

—Espera. Esto se parece mucho al pie de nuestra madre.

Uthlakanyana, mientras tanto, se alejó rápidamente de la casa, y cuando llegó a un lugar en el que pensaba que los caníbales no podrían verle, se quitó la ropa de la madre y corrió tan rápido como pudo. Cuando corrió lo suficiente como para saber que los caníbales nunca podrían alcanzarlo, se volvió y gritó:

—¡Oigan, caníbales! Ese era el brazo de su madre y esas eran las piernas de su madre. ¡Ustedes, dos tontos, se han comido a su propia madre!

Los caníbales escucharon a Uthlakanyana y corrieron tras él.

—Te dije que era la mano de nuestra madre y el pie de nuestra madre —dijo el hermano mientras corrían—. Te lo dije, pero no quisiste escuchar.

Uthlakanyana corrió hasta que llegó a la orilla de un río. Sabía que los caníbales lo perseguían, pero el río era demasiado profundo para cruzarlo y demasiado rápido para nadar, así que se convirtió en un palo. No mucho después, llegaron los caníbales.

—¿Dónde se ha metido ese pequeño ladrón? —preguntó el caníbal.

—Creo que debe de haber cruzado el río —dijo el hermano—. Mira, aquí están sus huellas en la orilla.

El caníbal levantó el palo y lo tiró al otro lado del río lleno de ira. Pero cuando el palo aterrizó en el otro lado, se convirtió de nuevo en Uthlakanyana.

—¡Gracias por tirarme al otro lado! —dijo y después se fue corriendo. Los dos caníbales se quedaron quietos al otro lado del río, mientras lo veían irse y se sintieron muy tontos por haber sido engañados de esa manera. Después se fueron a casa y Uthlakanyana continuó con su viaje.

La pequeña sabia *(Khoikhoi, Sudáfrica)*

Los khoikhoi viven en el suroeste de África y siguen tradicionalmente un estilo de vida de pastoreo nómada. Anteriormente, a estas personas se les llamaba con frecuencia hotentotes, *pero esa palabra tiene connotaciones despectivas. El término* khoikhoi *utilizado aquí se refiere a varios pueblos de idioma khoekhoe en el sur de África.*

El cuento de la pequeña sabia que se relata a continuación participa en el tropo de la persona desfavorecida que tiene poderes especiales o conocimientos que las personas aventajadas que la rodean no tienen. Tanto la niña, que es la protagonista principal, como el hombre tuerto, que es el principal antagonista, están en desventaja, la niña por su edad y tamaño, y el hombre tuerto por su estado de semi-ciego. Cada uno de ellos utiliza sus habilidades para tratar de ganar ventaja y cada uno de ellos es ignorado por la gente que los rodea que los ve como menores, en su propio detrimento. La única excepción es la hermana mayor de la niña, que defiende a su hermana menor y está dispuesta a escuchar y a seguir las instrucciones. De esta manera, ella evita el trágico destino de las otras niñas que tratan a la pequeña sabia con desdén.

La prenda de vestir llamada kaross *que se menciona en la historia está hecha de piel de animal que aún tiene lana o pelo. Está cosida para formar una chaqueta sin mangas y es usada tradicionalmente por el pueblo khoikhoi.*

Una vez una niña salió a buscar cebollas. Llegó a un lugar donde sabía que podía encontrar algunas y vio que un grupo de hombres ya había llegado allí antes que ella. Uno de los hombres tenía un solo ojo. La niña se agachó para desenterrar las cebollas y los hombres la ayudaron. Cuando su saco estaba lleno, los hombres dijeron:

—¿Por qué no te vas a casa e invitas a tus amigas a que se unan a ti? Hay muchas cebollas para todos.

La niña volvió a casa y les contó a todas sus amigas sobre el campo de cebollas, pero no mencionó a los hombres. Por la mañana, las niñas recogieron sus sacos y se dirigieron al campo de cebollas, con una pequeña niña detrás de ellas.

—¿Por qué no le dices a tu hermana pequeña que se vaya a casa? —dijo una de las niñas a la hermana mayor de la pequeña—. Ella no debería venir con nosotras.

—Puede correr por sí misma —dijo la hermana mayor—. Ninguna de nosotras tendrá que llevarla en brazos. Dejadla que nos siga.

Cuando llegaron al campo de cebollas, la niña pequeña miró al suelo y vio que había muchísimas pisadas. Esto la hizo sentir incómoda. Fue a ver a la niña que había estado allí el día anterior y le preguntó:

—¿Por qué hay tantas pisadas? ¿No estabas sola la última vez?

—Pues todas esas deben ser mías —dijo la niña mayor—. Estaba dando muchas vueltas después de todo.

La pequeña no dijo nada más y se guardó sus sospechas para sí misma. Era una pequeña sabia, así que no dejaba de mirar a su alrededor mientras trabajaba. Una vez, miró a su alrededor y vio la madriguera de un oso hormiguero.

La pequeña volvió a cavar cebollas, pero siguió mirando hacia arriba de vez en cuando. Descubrió que había hombres cerca, pero no dio ninguna señal de haberlos visto y los hombres aparentemente no podían verla.

Cuando la pequeña dejó de trabajar para mirar a su alrededor una vez más, una de las niñas mayores dijo:

—¿Por qué sigues haciendo eso? Simplemente cava cebollas como el resto de nosotras.

La niña no respondió, pero tampoco dejó de mirar. Después de un rato, se levantó para mirar de nuevo y vio a un grupo de hombres que se dirigían hacia el campo. Uno de ellos era el hombre tuerto y estaba tocando una flauta de caña. La niña escuchó atentamente y descubrió que podía entender lo que decía la flauta. Una y otra vez, la flauta de caña cantaba:

Habrá sangre, hoy la sangre fluirá

Habrá sangre, hoy la sangre fluirá

Las niñas escucharon la música de la flauta de caña y comenzaron a bailar. La niña preguntó a las mayores si podían entender lo que decía la flauta de caña, pero todas le dijeron que dejara de hacer preguntas estúpidas. La niña comenzó a bailar con las demás, pero se dirigió hacia donde bailaba su hermana mayor, ató el kaross de su hermana al suyo propio y siguieron bailando juntas, mientras las demás niñas se alegraban cada vez más. Pronto las otras niñas hicieron tanto ruido y se divirtieron tanto que las dos hermanas pensaron que podían escaparse sin que las detectaran.

Mientras se iban alejando del campo de cebollas, la niña le preguntó a su hermana:

—¿Puedes oír lo que dice la flauta de caña?

—No, no puedo—contestó la mayor.

—Está diciendo «Habrá sangre, hoy la sangre fluirá» una y otra vez.

Ahora bien, la hermana pequeña era una auténtica sabia. Hizo que su hermana mayor caminara delante mientras que ella caminaba detrás. La niña andaba sobre las pisadas de su hermana mayor, lo que hacía que pareciera que solo había un juego de pisadas. Además, la hermana mayor caminaba hacia atrás, así que no era posible saber en qué dirección iban. Las dos niñas iban caminando así hasta que llegaron a la madriguera del oso hormiguero, donde se metieron para esconderse.

Después de un rato, escucharon a las niñas que aún estaban en el campo llorar y gritar. Los hombres habían empezado a matarlas, una tras otra. Las dos hermanas que habían escapado oyeron los gritos y la mayor empezó a llorar de pena por sus amigas. Entonces, la pequeña le dijo:

—Alégrate de que hayas venido conmigo; si te hubieras quedado, estarías muerta como todas las demás.

De vuelta en el campo de cebollas, los hombres habían terminado de matar a todas las niñas. El tuerto miró a su alrededor y dijo:

—Esperad. Faltan dos niñas.

Los otros hombres le dijeron:

—¿Cómo lo sabes? Solo tienes un ojo.

—Lo sé —dijo el tuerto—. Hay otras dos. Deberíamos ir a buscarlas.

Los otros hombres accedieron a ayudar a buscar y pronto encontraron un solo juego de huellas fuera del campo. No podían decidir si eran las huellas de alguien que salía o entraba en el campo, pero decidieron seguirlas fuera del campo de todos modos. Pronto llegaron a la madriguera del oso hormiguero. Miraron dentro, pero no vieron nada. Entonces el tuerto miró.

—¡Están ahí dentro! —dijo.

Los otros se rieron de él.

—¿Cómo lo sabes? Solo tienes un ojo.

—Lo sé —dijo el tuerto—. Mirad de nuevo, están allí.

Los otros miraron de nuevo, pero no vieron nada, porque las niñas se habían escondido detrás de un cúmulo de telarañas.

—Comprobaré si realmente hay alguien ahí dentro —dijo uno de los hombres. Tomó su azagaya y la introdujo en el agujero. La punta de la azagaya hirió el pie de la hermana mayor y este empezó a sangrar, pero antes de que el hombre pudiera sacar la azagaya del agujero, la hermana menor limpió toda la sangre. Entonces le dijo a su hermana:

—No llores o nos van a escuchar.

Cuando volvieron a sacar la azagaya sin ningún rastro de sangre, el tuerto se asomó al agujero otra vez. Esta vez la niña le miró fijamente. El tuerto le dijo a sus compañeros:

—Juro que las dos están metidas dentro de ese agujero. Pero los otros hombres se burlaron y dijeron:

—¿Cómo lo sabes? Solo tienes un ojo.

El día se volvió muy caluroso y los hombres se volvieron sedientos. Le dijeron al tuerto:

—Vamos a buscar algo de beber. Tú quédate aquí y vigila. Te traeremos bebida cuando volvamos.

Las niñas oyeron a los otros hombres irse y, cuando se aseguraron de que el tuerto estaba solo, empezaron a cantarle un hechizo.

Sucio hijo de tu padre

¿No tienes sed también?

Sucio hijo de tu padre

Infame hijo de tu padre

¿No quieres beber también?

El tuerto cayó bajo su hechizo y dijo:

—Tengo demasiada sed para esperar a que los demás vuelvan —dijo y se fue a buscar algo de beber.

Cuando las niñas estaban seguras de que el tuerto ya se había ido, se arrastraron fuera del agujero. La hermana pequeña llevó a su hermana mayor en la espalda y así iniciaron el viaje de regreso a casa. El camino que debían seguir era por una llanura plana y sin árboles, así que cuando los hombres terminaron de beber y volvieron a buscar a las niñas, las vieron a lo lejos.

—¡Ahí están! —gritaron los hombres y empezaron a correr detrás de las niñas.

Las niñas vieron a los hombres correr hacia ellas y se convirtieron en arbustos de espinas. Los collares que llevaban las niñas se convirtieron en gotas de resina. Los hombres llegaron a los arbustos de espinas, tomaron las gotas de resina de los arbustos y la comieron. Después, se acostaron en el suelo y se fueron a dormir.

Mientras los hombres dormían, las niñas tomaron la resina y la untaron en los ojos de los hombres, para cerrarlos. Entonces, las niñas reanudaron su viaje a casa.

Cuando estaban a punto de llegar a su kraal, los hombres se despertaron y encontraron que sus ojos estaban sellados con resina.

—¡Malditos vagos! —dijo el tuerto—. ¡Os habéis dormido y habéis dejado que las niñas se escapen!

—No es que tú seas mejor que nosotros —dijeron los hombres—. Tú también te dormiste y tu único ojo también quedó sellado, al igual que nuestros pares de ojos.

Los hombres se quitaron la resina de los ojos y volvieron a buscar a las niñas, pero descubrieron que las niñas habían llegado a salvo a la casa de sus padres, por lo que los hombres regresaron a su propio pueblo.

Las niñas contaron a sus padres lo que había pasado y explicaron a los demás aldeanos lo que había sido de sus hijas. Toda la aldea lloró y estuvo de luto, pero nadie se atrevió a volver al campo de cebollas, ni siquiera a buscar los cuerpos de sus hijas.

Parte III: Cuentos con moraleja

La ciudad donde se repara a la gente *(Hausa, Nigeria y Níger)*

El pueblo hausa es el más numeroso de todas las culturas africanas y el idioma hausa es el más hablado, después del árabe. Situadas principalmente en las regiones del Sahel y la sabana de lo que hoy son Níger y Nigeria, las comunidades hausa también se encuentran en estados vecinos como Camerún, Chad y Ghana, y en otros tan lejanos como Eritrea. El pueblo hausa ha abrazado el islam desde la Edad Media y muchas de sus ciudades se convirtieron en importantes centros de comercio a lo largo de las rutas tradicionales de las caravanas de África y el Oriente Medio.

La historia que se relata a continuación participa en varios tropos comunes a los cuentos populares de muchas culturas. Uno de estos tropos es el contraste entre la buena madre y la mala, que va de la mano con el tropo de las hijas hermosas y feas. Un giro en este último, sin embargo, es que, en lugar de ser una antagonista por derecho propio, como lo es en muchos otros cuentos, la hija fea aquí es una víctima inocente de los celos y la codicia de su propia madre. Los celos y la codicia contrastados con la generosidad y la misericordia forman el último tropo, y también convierten esta historia en un cuento con moraleja sobre el tratamiento de los demás con respeto.

La historia menciona varios tipos de alimentos. Uno de ellos es la fura, *bolas de masa hechas de harina de mijo. El otro es el fruto del árbol de* aduwa, *que es similar a los dátiles, aunque no tan dulce.*

Un día, las muchachas del pueblo decidieron ir al bosque a recoger hierbas. Mientras estaban en el bosque, una gran tormenta llegó desde el este y envió mucha lluvia. Las muchachas corrieron a refugiarse bajo un árbol de baobab, pero cuando descubrieron que el árbol estaba hueco, entraron. Tan pronto como las muchachas entraron en el árbol, el Diablo vino y lo cerró.

—¡Por favor, déjenos salir! —gritaron las muchachas.

—No, no voy a dejarles salir —dijo el Diablo—, a menos que me entreguen sus collares y sus ropas.

Las muchachas le entregaron al Diablo sus collares y sus ropas, a excepción de una muchacha, que se negó. Las que le dieron sus cosas al Diablo quedaron libres, pero el Diablo retuvo a la que se negó. Las muchachas que escaparon fueron a ver a la madre de su amiga y le contaron todo lo que había pasado y que el Diablo aún mantenía cautiva a la hija de la mujer dentro del árbol de baobab.

—Llévenme al árbol para que pueda saber cuál es —pidió la madre.

Las muchachas la llevaron al árbol y la madre vio que había un hueco en la copa que bajaba dentro del tronco. La madre fue a casa, cocinó una comida para su hija y después volvió al árbol.

—¡Hija! —llamó—. ¡Estoy aquí! ¡Tengo comida para ti! Estira tu mano a través del agujero en el tronco y te daré tu comida.

La muchacha escuchó la voz de su madre y metió la mano por el agujero del tronco y tomó la comida que su madre había preparado. Una vez que la muchacha había comido toda su comida, la madre se fue a casa.

Resulta que había una hiena merodeando cerca, que vio y oyó todo lo que pasó. Con la intención de aprovecharse de la situación, se acercó al árbol y dijo:

—¡Hija! ¡Estoy aquí! ¡Tengo comida para ti! Estira tu mano a través del agujero en el tronco y te daré tu comida.

La muchacha escuchó a la hiena que la llamaba desde fuera del árbol y no reconoció la voz ronca de la hiena.

—Tú no eres mi madre —dijo la muchacha—. Vete.

La hiena fue a buscar a un herrero.

—Cambia mi voz para que parezca humana —pidió la hiena.

—Muy bien —dijo el herrero—, pero probablemente te comerás lo primero que encuentres en el camino y eso deshará todo mi trabajo.

El herrero cambió la voz de la hiena y esta se alejó trotando en su camino de regreso al árbol. A lo largo del camino, la hiena se encontró con un ciempiés.

—¡Nunca dejo escapar una comida gratis! —dijo la hiena y se tragó al ciempiés de un solo bocado.

Pronto la hiena llegó al árbol de baobab.

—¡Hija! —llamó—. ¡Estoy aquí! ¡Tengo comida para ti! Estira tu mano a través del agujero en el tronco y te daré tu comida.

Pero la voz de la hiena era áspera y ronca por haberse comido el ciempiés, así que la muchacha no la reconoció.

—Tú no eres mi madre —dijo la muchacha—. Vete.

La hiena se puso furiosa y volvió corriendo a ver al herrero.

—¡Dijiste que me habías cambiado la voz, pero no funcionó! ¡Debería comerte aquí y ahora!

—¡Espera! —dijo el herrero—. ¿Has comido algo después de que yo te cambiara la voz?

—Bueno, sí —dijo la hiena—. Había un ciempiés gordo en el camino y me apetecía comer algo.

—Pues, fue por eso que tu voz volvió a cambiar —dijo el herrero—. Te la arreglaré de nuevo; no me comas y no comas nada más hasta que hayas usado tu voz humana.

La hiena volvió al árbol de baobab, esta vez sin comer nada por el camino. Llegó al árbol y llamó:

—¡Hija! ¡Estoy aquí! ¡Tengo comida para ti! Estira tu mano a través del agujero en el tronco y te daré tu comida.

Esta vez la muchacha se dejó engañar. Pensó que era su madre la que la llamaba, así que metió la mano en el agujero del árbol. Tan pronto como lo hizo, la hiena saltó y tomó la mano de la muchacha. La sacó del árbol y se la comió en el acto, sin dejar nada más que los huesos.

Cuando llegó la noche, la madre de la niña regresó al árbol para darle de comer a su hija y allí vio los huesos de su hija tendidos en el suelo. La madre se lamentó al encontrar a su hija muerta. A continuación, se fue a casa a buscar una cesta. Volvió al árbol y recogió con cuidado todos los huesos. Cuando tenía hasta el último hueso, salió en busca de la ciudad donde se repara a la gente.

La madre recorrió un largo camino hasta llegar a un lugar donde la comida se cocinaba por sí sola sobre un fuego.

—Comida, ¿puedes decirme cómo llegar a la ciudad donde se repara a la gente? —preguntó la madre.

—¿No me vas a comer? Por favor, ¡toma un bocado! —pidió la comida.

—¿Cómo podría comer si mi hija está muerta? No te voy a comer —dijo la madre.

—Muy bien —dijo la comida—. Sigue por ese camino hasta que llegues a un lugar donde el camino se divide a la derecha y a la izquierda. Toma el camino de la derecha y deja el de la izquierda atrás.

La mujer dio las gracias a la comida y se fue por el camino. Siguió caminando hasta que llegó a un lugar donde la carne se asaba por sí sola en el fuego.

—Carne, ¿puedes decirme cómo llegar a la ciudad donde se repara a la gente? —preguntó la madre.

—¿No me vas a comer? Por favor, ¡toma un bocado! —pidió la carne.

—¿Cómo podría comer si mi hija está muerta? No te voy a comer —dijo la madre.

—Muy bien —dijo la carne—. Sigue por ese camino hasta que llegues a un lugar donde el camino se divide a la derecha y a la izquierda. Toma el camino de la derecha y deja el de la izquierda atrás.

De nuevo, la mujer siguió el camino hasta que llegó a una olla donde se mezclaba la fura por sí sola.

—Fura, ¿puedes decirme cómo llegar a la ciudad donde se repara a la gente? —preguntó la madre.

—¿No me vas a comer? Por favor, ¡toma un bocado! —pidió la fura.

—¿Cómo podría comer si mi hija está muerta? No te voy a comer —dijo la madre.

—Muy bien —dijo la fura—. Sigue por ese camino hasta que llegues a un lugar donde el camino se divide a la derecha y a la izquierda. Toma el camino de la derecha y deja el de la izquierda atrás.

La mujer continuó su viaje según las instrucciones que le habían dado y pronto llegó a la ciudad donde se reparaba a la gente. Entró en la ciudad y la gente le preguntó:

—¿Para qué has venido?

—He venido porque la hiena se comió a mi hija y deseo que se repare —dijo la mujer.

—¿Tienes todos sus huesos? —preguntó la gente

—Sí, están aquí en esta cesta.

—Repararemos a tu hija mañana —dijo la gente.

La gente le dio a la mujer un lugar para dormir y por la mañana, le dijeron:

—Por favor, sal y cuida de nuestro ganado.

La mujer fue a la cuadra y dejó el ganado en el pasto. El alimento de este ganado era el fruto del árbol de aduwa. La mujer fue al árbol y recogió todos los frutos maduros y se los dio al ganado. Luego tomó un poco de la fruta no madura para ella y se la comió. La mujer alimentó al ganado con la fruta madura de aduwa todo el día y, al atardecer, lo llevó a casa y lo puso en su cuadra. Tan pronto como el ganado llegó a la cuadra, el toro más grande comenzó a cantar:

Esta mujer es una buena mujer

Nos alimentó con fruta madura todo el día

Y no se guardó nada para sí misma

Esta mujer es una buena mujer

¡Hay que reparar a su hija bien!

La gente del pueblo escuchó la canción del toro y le dijo a la mujer:

—Entra en esa cabaña y duerme bien. Tu hija se te devolverá por la mañana.

En efecto, cuando la mujer se despertó por la mañana, la gente le devolvió a su hija. La madre y la hija se saludaron con mucha alegría y después regresaron a casa juntas.

Ahora bien, la madre no era la única esposa de la casa. Había otra esposa, que estaba celosa porque su hija era fea mientras que la hija de la primera esposa era hermosa. La segunda esposa vio a la primera regresar con su hermosa hija restaurada y cuando la segunda esposa escuchó la historia de lo que pasó, comenzó a planear cómo podría restaurar a su hija también. ¡Quizás hasta podría convertirse en hermosa después de una experiencia así!

La segunda esposa llamó a su hija y la arrojó en un gran mortero. Entonces, comenzó a golpear a su hija con el mortero.

—¡No, madre! ¡No me mates! —suplicó su hija.

Pero la segunda esposa no se detuvo. Golpeó a su hija hasta que murió, después recogió todos los huesos en una cesta y se dirigió a la ciudad donde se reparaba a la gente.

La segunda esposa recorrió un largo camino hasta llegar al lugar donde la comida se cocinaba sola.

—Comida, ¿puedes decirme cómo llegar a la ciudad donde se repara a la gente? —preguntó la segunda esposa.

—¿No me vas a comer? Por favor, ¡toma un bocado! —pidió la comida.

La segunda esposa miró a la buena comida y dijo:

—No hace falta que lo pidas dos veces.

Dicho esto, se comió toda la comida.

Cuando se acabó la comida, la segunda esposa reanudó su viaje. Caminó una y otra vez hasta que llegó al lugar donde la carne se asaba sola.

—Carne, ¿puedes decirme cómo llegar a la ciudad donde se repara a la gente? —preguntó la segunda esposa.

—¿No me vas a comer? Por favor, ¡toma un bocado! —pidió la carne.

La segunda esposa miró a la buena carne y dijo:

—No hace falta que lo pidas dos veces.

Dicho esto, se comió toda la carne.

De nuevo, la segunda esposa siguió el camino hasta que llegó a una olla donde la fura se mezclaba sola.

—Fura, ¿puedes decirme cómo llegar a la ciudad donde se repara a la gente? —preguntó la segunda esposa.

—¿No me vas a comer? Por favor, ¡toma un bocado! —pidió la fura.

La segunda esposa miró a la buena fura y dijo:

—No hace falta que lo pidas dos veces.

Dicho esto, se comió toda la fura.

Una vez que se había comido toda la fura, la segunda esposa reanudó su viaje. Después de mucho caminar, llegó a la ciudad donde se reparaba a la gente. La gente de la ciudad vio a la segunda esposa entrar con su cesta y le preguntó:

—¿Para qué has venido?

La segunda esposa dijo:

—Es una historia muy triste. Una hiena se comió a mi hija y la he traído aquí para que la reparen.

—¿Tienes todos los huesos? —preguntó la gente.

—Sí, están en esta cesta.

La gente tomó la cesta y dijo:

—Repararemos a tu hija mañana.

Luego le mostraron a la segunda esposa un lugar donde podía pasar la noche. Por la mañana, la gente le dijo a la segunda esposa:

—Por favor, cuida nuestro ganado hoy.

—Muy bien —dijo la segunda esposa y fue a la cuadra para sacar el ganado y llevarlo a los pastos. Cuando llegó al huerto de árboles de aduwa, recogió toda la fruta verde y se la dio al ganado, mientras que ella misma comió de la fruta madura. La segunda esposa alimentó al ganado con la fruta verde de aduwa todo el día y después lo trajo a casa al atardecer. Tan pronto como el ganado llegó a la cuadra, el toro más grande comenzó a cantar:

Esta mujer es una mala mujer

Nos alimentó con fruta verde todo el día
Y se comió toda la fruta madura ella misma
Esta mujer tiene poca moral
¡Hay que reparar a su hija mal!

La gente del pueblo escuchó la canción del toro y le dijo a la segunda esposa:

—Entra en esa cabaña y duerme hasta la mañana. Te traeremos a tu hija al amanecer.

La segunda esposa entró en la cabaña y durmió. Por la mañana, la gente le trajo a su hija. ¡Pero qué horrible era! Le faltaba la mitad de la nariz, tenía un brazo y una pierna. ¡Le faltaba la mitad de todo!

La segunda esposa escondió su disgusto y se fue de camino a casa con su hija. Pero tan pronto como estuvieron fuera de la vista de la ciudad, la segunda esposa gritó:

—¡Tú no eres mi hija! —dijo esto y salió corriendo.

La segunda esposa trató de esconderse en una hierba alta, pero su hija la seguía. Cuando la hija encontró a su madre, le dijo:

—Venga, madre, volvamos a casa.

Pero la segunda esposa dijo:

—¡Tú no eres mi hija! ¡Déjame en paz!

Entonces, la hija respondió:

—Sí, soy tu hija, pero tú no eres mi madre.

Una vez más, la segunda esposa se escapó. Corrió todo el camino a casa y cuando llegó a su cabaña, entró y cerró la puerta. Finalmente, su hija llegó y dijo:

—¡Abre, madre! He vuelto a casa.

La segunda esposa se negó a abrir la puerta o incluso a hablar con su hija. La hija dijo de nuevo:

—¡Abre, madre! He vuelto a casa.

Esta vez la segunda esposa abrió la puerta. La hija vivió con su madre y, durante el resto de sus días, la segunda esposa tuvo que lidiar con la vergüenza de tener a una hija desfigurada mientras que la hija de la primera esposa era hermosa.

La mujer y los niños del árbol de sicomoro *(Masái, Kenia)*

A los masáis de Kenya se les conoce como guerreros feroces y ladrones de ganado. Viven principalmente de la carne y de la leche producidas por su ganado, y son uno de los mayores grupos de personas que viven en Kenya. Su estilo de vida tradicional es nómada, pero en los tiempos modernos, la invasión de sus tierras por pueblos y ciudades, así como las prohibiciones del gobierno de vivir o pastar en las tierras protegidas, ha obligado a muchos de ellos a asentarse en aldeas y a abandonar muchas de sus costumbres tradicionales.

En el cuento con moraleja sobre los peligros de la ingratitud y la ira que se relata a continuación, uno de los personajes es un laibon masái, o curandero. El laibon tiene un lugar importante en la cultura masái y actúa como chamán, curandero y adivino, que puede dar consejos a los que lo necesitan. La historia también se centra en el fruto de sicomoro, un árbol que se lleva cultivando en el Oriente Medio y en la región subsahariana de África desde la antigüedad.

Había una vez una mujer que había vivido una vida larga y difícil. Estaba muy triste porque su vida había sido muy dura. Se preguntaba si quizás la vida le había sido dura porque nunca se había casado ni había tenido hijos.

—Sé lo que haré —se dijo a sí misma—. Iré a pedirle al laibon a que me dé un marido y unos hijos. Tal vez entonces mi vida sea mejor.

La mujer recorrió todo el camino hasta la casa del laibon. Cuando llegó, el laibon dijo:

—¿Qué es lo que quieres de mí?

La mujer respondió:

—He tenido una vida larga y difícil. Creo que es porque nunca me casé ni tuve hijos. ¿Puedes darme un marido y unos hijos, por favor?

El laibon se quedó pensando durante unos momentos y después dijo:

—Puedo darte o un marido o unos hijos. No puedo darte las dos cosas. Debes elegir.

—¡Vaya! —dijo la mujer—. Tenía la esperanza de conseguir las dos cosas, pero si solo puedo tener una, entonces me gustaría tener algunos hijos.

—Muy bien —dijo el laibon—. Si quieres tener hijos, debes escuchar atentamente mis instrucciones y seguirlas al pie de la letra. Primero, debes volver a casa y recoger todas tus ollas. Debes recoger al menos tres, pero si puedes llevar más, eso será aún mejor. Ve al bosque y busca un sicomoro que esté dando frutos. Llena las ollas con toda la fruta que puedan contener y luego pon las ollas en tu casa. Cuando todas las ollas estén llenas y guardadas, debes salir de tu casa y dar un paseo. No vuelvas hasta la puesta del sol.

La mujer dio las gracias al laibon y regresó a casa. Recogió sus ollas, las llenó con fruta de sicomoro y las guardó en su casa. Luego se fue a dar un paseo. Anduvo sin cesar, hasta el atardecer. Después fue de regreso a casa y, cuando se acercó a ella, escuchó el sonido de voces de niños. Su hogar era una maravilla. El kraal estaba limpio, el ganado llevado a pastar, la casa ordenada y la comida se estaba cocinando en el fuego. Una gran multitud de niños de todas las edades la saludaron.

—¡Madre! ¡Madre! —gritaron—. Estamos tan contentos de que estés en casa. ¿Ves? Limpiamos la casa y el kraal y los niños están fuera con el ganado. Lo traerán a casa enseguida.

La mujer se alegró mucho de tener tantos hijos tan buenos. Vivió con ellos muy feliz durante muchos días. Entonces, un día, los niños hicieron algo que disgustó a la mujer. Nadie recuerda lo que hicieron los niños, pero todos recuerdan lo que pasó después. La mujer comenzó a regañar a los niños. Les dijo:

—¡Sois una panda de niños inútiles! ¡No sois más que niños que he sacado de un sicomoro! No sé ni por qué iba a esperar algo mejor de un grupito de niños del árbol.

Los niños no le contestaron. Se quedaron ahí parados con una mirada muy triste. Entonces la mujer salió de la casa. Fue a visitar a unos amigos y pasó el día con ellos. Mientras la mujer no estaba, los niños volvieron al sicomoro, donde se convirtieron de nuevo en fruta.

La mujer volvió a casa y vio que su casa estaba vacía. Llamó a los niños sin cesar, pero no le contestaron. Un golpe de miedo atravesó su cuerpo. Corrió a la casa del laibon y dijo:

—¡Mis hijos han desaparecido! Si vuelvo a poner la fruta de sicomoro en las ollas, ¿volverán?

El laibon dijo:

—No lo sé. Tal vez deberías volver al árbol y ver si te dice qué hacer.

La mujer agradeció al laibon y corrió a casa a buscar sus ollas. Después corrió hacia el bosque. Corrió sin parar hasta que llegó al sicomoro que le había dado a sus hijos antes. Subió al árbol para recoger la fruta que estaba colgada allí, pero la piel de cada fruta que recogió se abría y revelaba un ojo lleno de lágrimas. No importaba de qué parte del árbol cogiera la fruta, siempre tenía un ojo dentro.

Finalmente, la mujer se dio cuenta de que el esfuerzo era inútil. Bajó del árbol, recogió sus ollas y volvió a casa, con lágrimas amargas. Pasó el resto de sus días en la tristeza y el luto, y nunca más intentó recuperar a sus hijos del sicomoro.

Parte IV: La influencia del islam

El relato de una apuesta *(Tigre, Eritrea)*

El pueblo tigre de Eritrea son nómadas que se dedican al pastoreo y abrazan el islam. La influencia árabe en este país de África oriental se puede ver en la historia que se relata a continuación, en la que aparece el personaje Abu Nuwas. A diferencia de los personajes de la mayor parte de los otros cuentos populares, Abu Nuwas (m. 814) fue en realidad un personaje histórico y uno de los grandes poetas de la literatura clásica árabe. Con una reputación algo más grande que la vida misma, Abu Nuwas acabó siendo un personaje embaucador que apareció en el folclore árabe, incluida la colección de Las mil y una noches *y en muchos otros cuentos.*

Los conquistadores islámicos y los comerciantes árabes trajeron estas historias con ellos cuando invadieron la costa oriental de África, por lo que las historias se abrieron camino en el repertorio de cuentos populares de los pueblos africanos que se convirtieron al islam. El papel de Abu Nuwas en estos cuentos suele consistir en engañar a la gente codiciosa y acomodada para mostrarles el error de sus costumbres, lo que hace con una gran habilidad en la historia que se relata a continuación.

Una vez hubo dos hombres que hicieron una apuesta. El primero le dijo al segundo:

—Te daré todo mi ganado si puedes quedarte en el océano toda la noche. Pero si sales del agua antes del amanecer, tienes que darme todo tu ganado.

El segundo dijo:

—Acepto tu apuesta.

El segundo hombre pronto se dio cuenta de que había actuado de una forma muy estúpida. Pensó en lo que tendría que hacer y se asustó mucho. Estaba seguro de que fracasaría y que perdería todo su ganado. Decidió ir a preguntarle a una anciana que era muy sabia. Le contó a la mujer lo de la apuesta y lo que tenía que hacer, y después le preguntó:

—¿Sabe usted cómo podría ganar yo esta apuesta?

—Sí, lo sé —dijo—. Pídele a uno de tus parientes que vaya a la orilla del mar contigo. Dile que encienda una hoguera en la playa de enfrente de donde estarás. No debe dejar que el fuego se apague en absoluto. Mientras estés en el agua, mantén tus ojos fijos en las llamas. Así tendrás menos frío y podrás ganar la apuesta.

El mismo día por la noche, el segundo hombre y su madre bajaron a la playa. La madre encendió un fuego y después el hombre nadó hasta que estuvo en aguas profundas y no pudo tocar el fondo. El primer hombre contrató a vigilantes para que estuvieran en la playa también, para asegurarse de que el segundo hombre no saliera del agua antes del amanecer.

Y así transcurrió la noche, con el segundo hombre en las aguas profundas con solo su cabeza sobre la superficie, mientras que su madre se ocupaba del fuego en la playa y los vigilantes se quedaban esperando para ver si el hombre salía del agua antes de tiempo. Cuando el sol empezó a salir, el hombre nadó de vuelta a la playa y salió del agua. Fue al primer hombre y le dijo:

—He ganado nuestra apuesta. Pasé toda la noche en el océano y salí vivo.

—Tú no has ganado nada —dijo el primer hombre—. Mis vigilantes me dijeron lo que pasó. Estuviste en el agua mirando el fuego toda la noche. Así es como te mantuviste caliente y no moriste.

—¿Cómo pude haberme mantenido caliente? —preguntó el segundo hombre—. Estaba tan lejos del fuego que su calor nunca me llegó. Ahora dame todo tu ganado, porque he ganado nuestra apuesta.

Pero los que escuchaban a los hombres estaban de acuerdo en que como el segundo hombre había estado mirando el fuego, no había ganado la apuesta.

—Esto no servirá —dijo el segundo hombre—. Si no me pagas lo que debes, llevaré nuestro caso ante un juez.

—Me parece bien —dijo el primer hombre, y entonces fueron ante un juez y le contaron su historia.

Cuando los hombres terminaron de contar cada uno su versión de la historia, el juez dijo:

—Me parece que la apuesta se ha perdido, porque el hombre que estaba en el agua miró al fuego toda la noche.

El primer hombre se fue a casa feliz porque pudo conservar todo su ganado, pero el segundo estaba abatido. Renunciar a todo su ganado significaría estar arruinado para siempre.

Finalmente, el segundo hombre tuvo una idea. Fue a ver a Abu Nuwas, que era un hombre muy inteligente y había salido de muchas situaciones malas antes. El hombre le contó a Abu Nuwas su historia y cómo el juez se había puesto del lado del primer hombre.

—Sé exactamente qué hacer —dijo Abu Nuwas y envió un mensajero por todo el país con las invitaciones a un festín para todos. Invitó también al primer hombre de la apuesta, al juez, a la gente que había estado de acuerdo con el primer hombre y a muchos más.

Todos esperaban con impaciencia al festín, ya que el mensajero les había dicho que sería especialmente bueno.

Llegó el día del festín, y Abu Nuwas mandó a sus sirvientes a sacrificar ganado y cabras para preparar carnes asadas y guisos y hacer grandes ollas de arroz. Sin embargo, Abu Nuwas dijo:

—No le daréis nada de esta comida a mis invitados hasta que yo os lo diga, ni siquiera el más pequeño grano de arroz o el más pequeño trozo de carne.

La gente vino al festín a la hora indicada y se sentó fuera de la casa de Abu Nuwas a esperar que empezara. El mismo Abu Nuwas, sin embargo, se quedó dentro de su casa y no dijo ni una palabra. Los sirvientes, mientras tanto, prepararon la comida para los invitados, pero no se pusieron a servirlos. La gente podía ver la buena comida, olerla y decían:

—¿Por qué Abu Nuwas no está sirviendo la comida? ¿Qué clase de festín es este?

Pasó mucho tiempo. La gente se volvió muy hambrienta. Pero aun así los sirvientes no les trajeron su comida. Finalmente, cuando el sol estaba a punto de ponerse, la gente pidió a un hombre que sabían que era amigo de Abu Nuwas que entrara y preguntara por qué no empezaba el festín.

El amigo fue adentro y dijo:

—Tus invitados han estado esperando todo el día. Se preguntan por qué no se les ha servido la comida. ¿Qué les digo?

Abu Nuwas dijo:

—Ve a la gente y diles: «Habéis estado oliendo las carnes asadas, los guisos y el arroz todo el día y los habéis visto encima de la mesa. Seguramente eso debería ser suficiente para satisfaceros».

El amigo volvió a salir y le dijo a la gente lo que Abu Nuwas había dicho. La gente se enfadó mucho y dijo:

—Esto no tiene ningún sentido. ¿Cómo podemos estar satisfechos con la comida que está lejos de nosotros? ¿Cómo nos puede satisfacer el olor de la comida cocinada? ¿Cómo nos puede satisfacer el ver la comida cocinada?

Entonces Abu Nuwas salió de la casa y dijo:

—Ahora entendéis que ser capaz de ver u oler algo no es lo mismo que tenerlo. Si no podéis saciar vuestra hambre al ver u oler la comida cocinada, entonces tampoco el hombre que pasó la noche en el mar pudo mantenerse caliente mirando un fuego que estaba en la playa.

La gente se dio cuenta de que Abu Nuwas tenía razón e hicieron que el primer hombre pagara su deuda. Cuando eso se hizo, Abu Nuwas les sirvió comida y bebida a todo el pueblo y después, cuando la fiesta terminó, todos se fueron a casa.

Y así fue como Abu Nuwas usó su astucia para ayudar al segundo hombre a recibir el pago que le correspondía por ganar la apuesta.

Yamil y Yamila *(Bereberes, Libia)*

El término bereberes *no se refiere a una cultura en particular, sino que es un término general para un grupo de culturas estrechamente relacionadas del norte de África. Si bien la mayoría de los bereberes viven en asentamientos y practican la agricultura, algunos grupos, como los tuaregs, son principalmente nómadas. En su mayoría, los bereberes practican el islam, aunque también hay una pequeña comunidad judía.*

En su edición de esta historia, el autor y el folclorista Andrew Lang señala que la tomó de una colección del lingüista alemán Hans Stumme, que recogió esta y otras historias en el año 1897 en la zona de Trípoli. Stumme se basó en dos informantes, uno de 45 años llamado Sidi Brahim ben Xali et-Tekbali y el otro de 15 años llamado Mhemmed ben Zumxa Brengali.

Este cuento sigue los patrones típicos de los cuentos de hadas en muchas culturas. Un malvado ogro devorador de hombres captura a una joven y la convierte en su sirvienta, después el prometido de la joven viene a rescatarla del castillo del ogro, que se encuentra en una parte remota del desierto, lejos de cualquier asentamiento humano. Los jóvenes logran escapar mediante el uso de los objetos mágicos que la joven roba a su captor. Aunque el joven lucha un poco con algunos de los incidentes que siguen a su fuga, finalmente demuestra su amor por su prometida al honrar su miedo a que la vuelvan a capturar y al hacer lo necesario para mantenerla a salvo, aunque vaya en contra de las tradiciones de su pueblo.

Una vez hubo un hombre llamado Yamil, que tenía una prima llamada Yamila. Se habían prometido en matrimonio desde que eran muy pequeños y ahora que ya eran mayores, Yamil decidió que era el momento de casarse. Yamil, por lo tanto, fue al pueblo más cercano para comprar muebles para su nueva casa. La ciudad más cercana estaba bastante lejos; se tardaba dos o tres días en llegar y otros dos o tres días en volver. Mientras Yamil estaba fuera, Yamila y sus amigas salieron a recoger leña. Mientras recogía ramas, Yamila encontró un mortero de hierro en el suelo. Lo recogió y lo sujetó a la parte superior de su fardo, pero cada vez que intentaba recoger el fardo para llevarlo, el mortero caía al suelo. Entonces, Yamila deshizo su fardo para poner el mortero en el medio.

Justo cuando Yamila comenzó a atar su bulto de nuevo, sus amigas dijeron:

—¿Qué estás haciendo allí? Está oscureciendo y no vamos a esperarte.

—Está bien —dijo Yamila—. Id sin mí. Quiero quedarme con este mortero de hierro que he encontrado. Me iré a casa tan pronto como lo tenga bien atado a mi fardo.

—Muy bien —dijeron las otras jóvenes, que luego regresaron a casa.

Mientras Yamila se esforzaba por amarrar el mortero a su fardo, el sol se ponía. Cuando el último rayo de luz solar había pasado por debajo del horizonte, el mortero de hierro se transformó en un enorme ogro. El ogro levantó a Yamila y la llevó lejos, muy lejos hasta su castillo, todo un mes de viaje desde el pueblo de Yamila.

El ogro puso a Yamila en una sala de su castillo y le dijo:

—No tengas miedo. No sufrirás ningún daño.

Entonces el ogro salió y dejó a Yamila sentada en la sala, donde ella lloraba con lágrimas amargas y temblaba de miedo.

Cuando las otras jóvenes de la aldea volvieron a casa, la madre de Yamila se dio cuenta de que su hija no estaba entre ellas.

—¿Adónde ha ido mi hija? —dijo la madre—. ¿Por qué no regresó con vosotras?

—Ella encontró un mortero de hierro y quiso atarlo bien para llevárselo a casa —dijeron las otras—. Creemos que volverá pronto.

La madre de Yamila corrió hacia el bosque para buscar a su hija y la llamó por su nombre todo el tiempo. Los otros aldeanos la vieron y dijeron:

—¿Por qué no vuelves a casa? Solo eres una anciana; este es un trabajo que los hombres fuertes deberían hacer.

—Sí, agradecería la ayuda —dijo la anciana—, pero voy a ir con ustedes, les guste o no. Es muy probable que mi hija esté muerta. Probablemente le mordió un áspid o tal vez se la comió un león.

Una vez que los hombres comprendieron que la anciana no se quedaría en casa, le dejaron venir con ellos. Juntos se dirigieron al bosque y se llevaron a una de las otras jóvenes para mostrarles dónde había visto a Yamila por última vez.

Pronto llegaron al lugar donde había estado Yamila. Allí encontraron su manojo de palos, pero no se vio ningún rastro de la joven por ninguna parte. La llamaron una y otra vez, pero nadie respondió.

Uno de los hombres dijo:

—Encendamos un fuego. Ella podrá verlo incluso desde lejos y entonces sabrá que la estamos buscando.

Los otros estuvieron de acuerdo en que esta era una buena idea y que mientras ese hombre encendía el fuego, los otros debían ir en diferentes direcciones para ver si podían encontrar a la joven. Buscaron durante toda la noche, pero no encontraron nada. Cuando salió el sol, los hombres le dijeron a la madre de Yamila:

—No podemos encontrarla. Deberíamos irnos a casa. Su hija probablemente se escapó con algún hombre.

—Sí, vayamos a casa —dijo la anciana—, pero primero me gustaría mirar en el río. Tal vez alguien la tiró allí.

Fueron a buscar en el río, pero no había señales de Yamila. Todos regresaron a casa, cansados y llenos de tristeza.

La madre y el padre de Yamila esperaron ansiosos durante cuatro días para tener noticias de su hija, pero nunca llegó ninguna. Al final del cuarto día, la madre de Yamila dijo:

—Yamil volverá a casa pronto. ¿Qué le vamos a decir?

—Le diremos que está muerta —dijo el padre.

—Pero, pedirá ver su tumba y entonces sabrá que algo anda mal

—Mañana mataremos una cabra —dijo el padre—. Enterraremos su cabeza en el cementerio. Llevaremos a Yamil allí y le diremos que esa es la tumba de Yamila.

Al día siguiente, Yamil llegó con una carreta llena de hermosas alfombras y cojines para mostrárselos a su prometida. Fue directamente a la casa de sus suegros, pero tan pronto como cruzó el umbral, el padre de Yamila dijo:

—Yamila ha muerto.

El joven comenzó a llorar a lágrima viva. Durante mucho tiempo, no pudo hacer nada más y no pudo hablar. Cuando finalmente recuperó sus sentidos, preguntó:

—¿Dónde la habéis enterrado? Por favor, llevadme a su tumba.

El padre llevó a Yamil al lugar donde habían enterrado la cabeza de la cabra. Yamil trajo algunas de las cosas hermosas que había comprado para la nueva casa. Las colocó sobre la tumba recién cubierta, y se puso a llorar y a lamentar. Cuando cayó la noche, se llevó todas las cosas a su casa y, cuando amaneció, regresó con las cosas y con su flauta. Durante seis meses, fue cada día a sentarse en lo que pensaba que era la tumba de Yamila con algunos de los regalos que había pensado darle. Alternaba el llanto con la pena, mientras tocaba melodías suaves y lúgubres con su flauta.

En el momento en el que Yamil se había sumido en el dolor, un hombre vagaba por el desierto. El sol estaba muy caliente, el hombre se había quedado sin agua y tenía mucha sed. Vio ante él un gran castillo y pensó que, si tan solo pudiera descansar en la sombra, podría encontrar la fuerza para pedir un poco de agua a quien viviera allí. Se acercó al muro del castillo por el lado de la sombra y se sentó a descansar. La sombra del castillo era tan agradable y fresca que casi se quedó dormido, pero se despertó cuando oyó una voz suave que decía:

—¿Quién eres tú? ¿Eres un fantasma o un hombre vivo?

El hombre miró hacia arriba y vio a una chica que se asomaba a una ventana.

—Soy un hombre —dijo— y probablemente un mejor hombre que tu padre o tu abuelo.

—Te deseo buena suerte —respondió—. Pero, ¿por qué estás aquí? Esta es una tierra de ogros y todo tipo de cosas horribles.

—¿Es esta realmente la casa de un ogro? —preguntó el hombre.

—Sí —dijo la chica—. Y tan pronto como se ponga el sol, el ogro volverá a casa. Si te encuentra aquí, te convertirá en su cena. Tienes que irte de inmediato, porque ya es tarde.

—No llegaré lejos si me voy sin haber bebido algo —dijo el hombre—. He estado viajando todo el día bajo el sol caliente del desierto, ¡y tengo tanta sed! Por favor, dame un poco de agua.

—No puedo hacer eso —dijo la joven—, pero si vas en esa dirección, podrías encontrar un pozo o un manantial. El ogro siempre va en esa dirección cuando quiere conseguir agua para el castillo.

El hombre se levantó y comenzó a alejarse, pero la joven gritó:

—¡Espera! Dime hacia dónde vas.

—¿Para qué necesitas saberlo? —preguntó el hombre.

—Tengo que pedirte un favor, si estás dispuesto a hacerlo, pero necesito saber hacia dónde vas.

—Me dirijo hacia Damasco —contestó el hombre.

—Este es el favor: en tu camino, pasarás por mi pueblo. Pregunta por un hombre llamado Yamil. Dile: «Yamila está viva y te espera. Está cautiva en un castillo en el desierto. Sé valiente».

El hombre prometió llevarle el mensaje y se fue en la dirección que ella le había mostrado. Muy pronto, se encontró con un manantial de agua fresca y clara. El hombre se arrodilló y bebió hasta saciar su sed. Luego se acostó cerca del manantial y durmió un rato.

Cuando el hombre se despertó, se dijo:

—Esa doncella seguramente me hizo bien cuando me indicó el camino hacia este manantial. Estaría muerto si no fuera por ella. Sin duda buscaré su pueblo y le llevaré su mensaje a Yamil.

El hombre viajó durante todo un mes y preguntó en cada aldea por la que pasaba si había un hombre llamado Yamil, pero todos le decían que no había nadie en su aldea con ese nombre. A finales de aquel mes, el hombre llegó a otra aldea. Entró y vio a un hombre sentado frente a una de las casas. El hombre tenía el pelo largo y despeinado, y su barba estaba desgreñada. Mientras el hombre caminaba hacia la casa, el hombre despeinado dijo:

—Bienvenido a nuestro pueblo. ¿De dónde vienes?

—Vengo del oeste y estoy caminando hacia el este —contestó el viajero.

—Entra y cena con nosotros —dijo el hombre despeinado—. Has tenido un largo viaje y debes de tener hambre.

El viajero entró y fue bien recibido por los padres de Yamila y los hermanos de Yamil, que pusieron una comida sobre la mesa. Todos se reunieron alrededor para comer e invitaron al viajero a acompañarlos. Sin embargo, el viajero notó que un miembro de la familia había desaparecido.

—¿Dónde está el hombre despeinado que me invitó a su agradable hogar? —preguntó el viajero—. ¿No va a comer también con nosotros?

—No le hagas caso —susurró uno de los hermanos de Yamil—. Lo hace todas las noches. Ya comerá algo por la mañana.

El viajero siguió con su cena, mientras se preguntaba qué le pasaba al hombre despeinado. De repente uno de los hermanos de Yamil llamó:

—¡Yamil! Ve y tráenos un poco de agua, por favor.

Cuando el viajero escuchó el nombre de Yamil, recordó lo que le había prometido a la joven del castillo.

—¡Yamil! —exclamó el viajero—. ¿Alguien de aquí tiene ese nombre? Me perdí en el desierto y me encontré con un castillo. Había una muchacha en el castillo, que miró por la ventana y dijo...

—¡Shh! —dijo uno de los hermanos—. ¡No dejes que te escuche!

Pero era demasiado tarde. El hombre despeinado se acercó a la mesa y dijo:

—Cuéntame toda tu historia. Cuéntame lo que viste y lo que ella te dijo. Hazlo ahora o te mataré aquí mismo.

—Te lo contaré todo, amigo —dijo el viajero—. Andaba perdido en el desierto y delante de mí vi un castillo. Pensé en descansar a su sombra antes de continuar mi viaje. Mientras estaba sentado de espaldas contra el muro del castillo, una muchacha sacó la cabeza por una ventana encima de mí y me preguntó si yo era un hombre o un fantasma. Le dije que era un hombre y le pregunté si podía darme algo de beber, porque tenía mucha sed. Me dijo que no tenía agua para darme, pero me habló de un manantial que no estaba lejos. También me advirtió que tenía que irme de inmediato, porque el castillo era el hogar de un horrible ogro que podría comerme para su cena. Antes de irme, me preguntó hacia dónde iba. Se lo dije y me pidió un favor. Dijo que tenía que encontrar su pueblo y encontrar a un hombre llamado Yamil que vivía allí, y que cuando lo encontrara, debía decirle, «Yamila está viva y te espera. Está cautiva en un castillo en el desierto. Sé valiente».

Durante un momento prolongado hubo silencio.

Entonces el hombre despeinado, que en realidad era Yamil, dijo:

—¿Es esto cierto? ¿Mi amada está viva?

Toda la familia alegó que Yamila estaba realmente muerta y que la tumba era suya.

—Veremos quién dice la verdad y quién no —dijo Yamil, agarró una pala y se dispuso a ir al cementerio.

—¡Espera! —exclamaron los padres de Yamila—. Te diremos la verdad. Yamila salió a recoger leña, pero no regresó con las otras muchachas. Cuando cayó la noche, fuimos a buscarla, pero no la encontramos en ningún sitio y no volvió a casa. Después de cuatro días, decidimos que lo mejor sería decirte que estaba muerta y preparar una tumba falsa para convencerte de que era verdad. Pero como ahora sabes la verdad, deberías ir a buscarla. Tal vez este hombre vaya contigo como guía; ha estado en el castillo y podrá mostrarte el camino hasta allí.

—Sí —dijo Yamil—, esa es la mejor manera. Preparad comida para mi viaje mientras yo busco mi espada.

—Espera —dijo el viajero—. Yo no quiero ir contigo. Tardé un mes entero en llegar aquí y me queda todavía mucho camino por recorrer.

Yamil dijo:

—Por favor, acompáñame durante tres días para guiarme por el camino correcto. Y después de tres días, cada uno de nosotros puede ir por su propio camino.

—Eso me parece justo —dijo el viajero y así emprendieron su viaje.

Durante tres días, Yamil y su acompañante viajaron desde el amanecer hasta el anochecer y, al atardecer del tercer día, el viajero dijo:

—Ve por ahí y sigue recto hasta que llegues a un manantial. Después sigue en la misma dirección y muy pronto verás el castillo.

—Muy bien —dijo Yamil.

Entonces, los dos hombres se despidieron y se separaron. Yamil siguió viajando durante veintiséis días y, en la tarde del día veintiséis, llegó al manantial.

—Este tiene que ser el manantial del que me habló el viajero —se dijo y después se arrodilló para tomar un largo trago de agua clara y fresca. Cuando su sed se calmó, se acostó junto al manantial y pensó en lo que debía hacer a continuación—. Si este es el manantial —se dijo de nuevo—, entonces el castillo debe de estar cerca. Lo mejor que puedo hacer ahora es descansar y viajar al castillo por la mañana.

Y así Yamil se fue a dormir allí junto al manantial y durmió toda la noche tranquilo.

A la mañana siguiente, Yamil se despertó. Tomó otro gran trago del manantial y salió a buscar el castillo. No pasó mucho tiempo antes de que lo viera surgir de la arena del desierto frente a él.

—Tengo que averiguar cómo entrar —dijo Yamil—. No puedo simplemente llamar a la puerta; seguramente si lo hago, el ogro me agarrará y me comerá para su cena.

Yamil pensó durante un rato más y decidió que lo mejor sería escalar el muro y tal vez entrar por una ventana. Se arrastró hasta el castillo y comenzó a escalar, pero tan pronto como llegó a la parte superior, oyó la voz de una joven que lo llamaba desde arriba y le decía:

—¡Yamil!

Yamil miró hacia arriba y vio a su amada Yamila que se asomaba a una ventana sobre él. Yamil comenzó a llorar de alegría.

—Mi querido amado —dijo la joven—, ¿qué te trae por aquí?

—He venido a buscarte —dijo.

—No —dijo Yamila—, no debías haber venido. Debes irte de inmediato. Si el ogro vuelve a casa y te encuentra aquí, ¡te matará y te comerá!

—No me importa si hay cincuenta ogros en este castillo —dijo Yamil—. No me he afligido tanto tiempo ni he viajado tan lejos solo para perderte de nuevo.

—Si te bajara una cuerda —dijo Yamila—, ¿podrías usarla para subir y entrar por la ventana?

—Por supuesto —respondió el joven.

La joven volvió a su sala. Muy pronto, una ligera cuerda bajó de la ventana. Yamil se agarró a la cuerda. Subió por la cuerda y entró por la ventana. Cuando llegó a la habitación de Yamila, los dos jóvenes amantes se abrazaron con ternura y lloraron de alegría.

—¿Qué haremos cuando el ogro regrese? —preguntó Yamila.

—Tengo un plan —dijo Yamil—. Confía en mí.

Ahora bien, Yamila tenía un gran baúl en su sala, donde guardaba su ropa y algunas otras cosas. Hizo que Yamil se metiera en el baúl y cerró la tapa. Tan pronto como lo hizo, el ogro entró en la sala con una pierna de cordero para Yamila y dos piernas humanas para él mismo.

—¡Huelo el aroma de un hombre! —rugió el ogro—. ¿Dónde está?

—No sé de qué estás hablando —dijo Yamila—. Estamos en medio del desierto. No hay nadie alrededor en kilómetros y kilómetros. ¿Cómo podría un hombre entrar aquí?

Entonces se echó a llorar.

—Vaya —dijo el ogro—, no quise disgustarte. Debo de estar equivocado. Tal vez un cuervo encontró carroña y dejó caer trozos cerca.

—Sí, eso fue lo que pasó —dijo Yamila—. Un cuervo dejó caer algunos huesos el otro día. Se me había olvidado.

—Está bien, entonces —dijo el ogro—. Ve a buscar los huesos y quémalos para que se conviertan en polvo. Luego pon el polvo en un vaso de agua para que yo me los pueda beber. Tráemelos a la cocina. Y, además, tienes que preparar la cena para los dos.

Yamila encontró algunos huesos, los quemó hasta convertirlos en polvo y después puso el polvo en un vaso de agua. Se lo dio al ogro y él se los bebió. Luego se acostó a dormir mientras Yamila cocinaba.

Después de un rato, las piernas de hombre que se estaban asando sobre el fuego comenzaron a cantar:

¡Ogro, no descanses aún!

¡Un hombre está en el baúl!

Y la pierna de cordero respondió:

Ese hombre es tu hermano

Y primo de la que me sostiene en la mano

El ogro dijo somnoliento:

—¿Quién está cantando? ¿Qué es lo que han dicho?

—Era solo un recordatorio para añadir un poco de sal a nuestras cenas —dijo Yamila.

—Entonces, añade un poco de sal.

—Ya lo he hecho.

Entonces el ogro se dio media vuelta y se volvió a dormir.

Tan pronto como el ogro se durmió, las piernas de hombre comenzaron a cantar:

¡Ogro, ogro, no descanses aún!

¡Un hombre está en el baúl!

Y la pierna de cordero respondió:

Ese hombre es tu hermano

Y primo de la que me sostiene en la mano

De nuevo, el ogro preguntó qué decían las voces.

—Necesito añadir pimienta esta vez —dijo Yamila.

—Pues añade la pimienta, entonces —dijo el ogro.

—Ya lo he hecho.

El ogro estaba tan cansado que se dio media vuelta y se volvió a dormir. Por tercera vez las piernas de hombre comenzaron a cantar:

¡Ogro, no descanses aún!

¡Un hombre está en el baúl!

Y la pierna de cordero respondió:

Ese hombre es tu hermano

Y primo de la que me sostiene en la mano.

De nuevo, el ogro se despertó de su sueño.

—¿Qué es lo que dice esta vez? —preguntó el ogro.

—Dice que la comida ya está lista.

—Muy bien —dijo el ogro—. Porque tengo mucha hambre. Por favor, sírveme la comida.

Yamila alimentó al ogro con las piernas de hombre, troceó el cordero para ella y escondió un poco para dárselo a Yamil más tarde.

Cuando el ogro terminó de comer, se lavó las manos y le dijo a Yamila que fuera a su habitación y le preparara la cama. Yamila lo hizo, les dio la vuelta a las sábanas y sacudió la almohada. El ogro se metió en la cama y Yamila lo arropó. Entonces Yamila preguntó:

—Padre, ¿por qué siempre duermes con los ojos abiertos?

El ogro frunció el ceño.

—¿Para qué lo preguntas? ¿Estás pensando en hacer algo que no deberías?

—¡No, no! —dijo Yamila— Yo nunca haría eso. Ni siquiera sabría por dónde empezar y seguramente no tendría éxito.

—De acuerdo, pero ¿para qué quieres saberlo?

—Bueno —dijo Yamila—, anoche me desperté en medio de la noche. Todo el castillo brillaba con una luz roja. Me asustó, así que quise saber de dónde venía y si tú también la viste.

El ogro se rió:

—Oh, hijita mía, no tienes que tener miedo de eso. La luz roja se enciende cuando estoy profundamente dormido.

—Bien entonces —dijo Yamila—. Me alegro de que no sea nada que pueda hacernos daño. Pero, ¿puedo preguntar para qué es el alfiler, el que guardas junto a tu cama?

—El alfiler se convierte en una montaña de hierro si lo tiro delante de mí.

—¿Y la aguja de zurcir hace algo especial?

—Pues sí —dijo el ogro—. Se convierte en un gran lago.

—¿Y tu hacha de guerra? —preguntó Yamila.

—El hacha de guerra se convierte en un seto de espinas tan grueso y con espinas tan largas que nadie puede esperar atravesarlo —El ogro entrecerró los ojos y miró a Yamila de una manera sospechosa—. ¿Pero por qué me haces todas estas preguntas? Me hace pensar que estás tramando algo y eso me haría enfadar mucho.

—Solo quería saber para qué son. Los veo aquí todo el tiempo, pero parece que nunca los usas. Y de todos modos, ¿a dónde iría? ¿Quién me encontraría aquí en medio del desierto?

Y entonces Yamila empezó a llorar.

—Por favor, no llores —dijo el ogro—. Solo estaba bromeando.

—Está bien —dijo Yamila mientras se secaba las lágrimas—. Ahora me iré a dormir. Buenas noches, padre.

—Buenas noches.

Yamila volvió a su sala y cerró la puerta. Dejó salir a Yamil del baúl.

—¡Vamos! —dijo Yamil—. ¡Salgamos de aquí ahora mismo!

—No, espera —dijo Yamila, se acercó a la puerta y la abrió por una rendija—. ¿Ves esa luz amarilla? Significa que el ogro no está dormido todavía.

Yamil y Yamila esperaron una hora. Entonces Yamila abrió la puerta de nuevo. Entonces, vio que había una luz roja, que lo alumbraba todo.

—¡Mira! —dijo—. Esa luz roja significa que el ogro está dormido. ¿Cómo vamos a escapar?

Yamil dijo:

—Usaremos la cuerda con la que subí. Te bajaré a ti primero y después te seguiré.

—Sí, ese es un buen plan —dijo Yamila—. Prepara la cuerda y yo voy a conseguir otras cosas que podrían ayudarnos.

Mientras que Yamil preparaba la cuerda, Yamila fue de nuevo a la sala de dormir del ogro. En silencio tomó el alfiler, la aguja de zurcir y el hacha, y después corrió tan rápido como pudo hacia su sala. Le entregó los objetos a Yamil y le dijo:

—Guarda estos objetos en tus bolsillos. No los pierdas. Puede que los necesitemos más tarde.

—Muy bien —dijo Yamil.

Entonces ató la cuerda alrededor de Yamila y la bajó. Cuando ella ya estaba a salvo en el suelo, desató la cuerda y Yamil también la usó para bajar. Entonces ambos huyeron del castillo tan rápido como pudieron.

Ahora bien, el ogro estuvo dormido durante todo este tiempo. No escuchó a Yamila cuando entró en su sala y tomó sus cosas. No oyó nada cuando los dos amantes bajaron por la pared. Pero el ogro tenía un perro fiel que se dio cuenta de que Yamila había escapado. Corrió a la sala del ogro y le dijo:

—¿Por qué estás durmiendo? Yamila se ha escapado y está huyendo.

Como respuesta, el ogro le dio una patada al perro, se dio la vuelta y se volvió a dormir. Por la mañana, el ogro se despertó y llamó a Yamila como de costumbre, pero no hubo respuesta. El ogro subió a la habitación de Yamila y la encontró vacía. Rugió con ira, luego bajó, se puso su armadura y tomó su espada. Llamó a su perro y salió en busca de los dos amantes.

Mientras Yamil y Yamila corrían, Yamila miraba por encima de su hombro de vez en cuando para ver si el ogro los seguía. Durante mucho tiempo, no vio nada, pero poco después del amanecer, miró hacia atrás y, a lo lejos, vio al ogro y a su perro persiguiéndolos.

—¡El ogro nos está persiguiendo! —dijo Yamila.

Yamil miró hacia atrás y dijo:

—Yo no veo nada.

—Está ahí, a lo lejos. Parece tan pequeño como una aguja y tiene a su perro con él.

Los dos amantes comenzaron a correr aún más rápido, pero incluso así, el ogro se les adelantó. Cuando estaba casi a punto de alcanzarlos, Yamila dijo:

—¡Dame el alfiler, deprisa!

Yamil le dio el alfiler, que ella tiró hacia atrás. Instantáneamente una montaña de hierro se levantó entre ellos y el ogro.

—¡No importa! —rugió el ogro—. ¡Romperemos este hierro en pedacitos y después os atraparemos!

El sonido del ogro y su perro cavando y golpeando el hierro llenó el aire mientras Yamil y Yamila redoblaban su ritmo. Pronto el ogro y su perro atravesaron la montaña y una vez más casi alcanzaban a los amantes.

—¡Yamil! —gritó Yamila—. ¡Rápido, tira el hacha de guerra hacia atrás!

Yamil sacó el hacha de su bolsillo y la lanzó hacia atrás por encima de su hombro. Instantáneamente surgió detrás de ellos un seto de espinas tan gruesas que nadie podía atravesarlas.

—Puede que no sea capaz de atravesar este seto —rugió el ogro—, pero puedo hacer un túnel por debajo.

El sonido de su excavación llenó el aire mientras los dos amantes corrían sin parar. Dentro de lo que parecía un momento, el ogro y su perro estaban al otro lado del seto y se acercaban cada vez más a la pareja.

—¡Yamil! —gritó Yamila—. ¡Tira la aguja de zurcir!

Yamil sacó la aguja de zurcir de su bolsillo y la lanzó por encima de su hombro. Instantáneamente se formó un gran lago entre los jóvenes y sus perseguidores.

—¿Creéis que un poco de agua puede detenerme? —rugió el ogro—. ¡Mi perro y yo beberemos este lago hasta secarlo y después os atraparemos!

El ogro y su perro comenzaron a beber el agua del lago. Pronto el perro había bebido tanto que estalló y murió. El ogro se dio cuenta de que no era capaz de terminar toda el agua por sí mismo, así que gritó:

—¡Yamila! ¡Que tu cabeza se convierta en la de un burro! ¡Que tu pelo se convierta en el de un burro!

Yamil se volvió para mirar a su prima y se encontró con una extraña criatura a su lado. Llevaba la ropa de Yamila, pero tenía la cabeza y el pelaje de un burro y, en lugar de manos y pies, tenía pezuñas. Yamil dio un paso atrás horrorizado y dijo:

—Nunca fuiste mi prima. ¡Siempre fuiste una pequeña criatura que en realidad era un burro!

Dicho esto, Yamil huyó de esa criatura y fue de camino hacia a su propio pueblo.

Yamila estuvo vagando por el desierto sola durante dos días y lloraba todo el tiempo. Mientras tanto, Yamil casi había llegado a su pueblo. No podía dejar de pensar en lo que había pasado. Empezó a sentirse avergonzado de sí mismo por haber abandonado al burro.

—¿Y si realmente ese burro era Yamila? —se dijo—. ¿Y si el hechizo del ogro ha desaparecido? No puedo dejarla sola en el desierto.

Yamil regresó para buscar a su prima. Después de un tiempo, la encontró, todavía con la cabeza y el pelaje de un burro, posada sobre una roca y rodeada de lobos. Yamil ahuyentó a los lobos y ayudó a su prima a bajar de la roca.

—Bueno, casi te matan —dijo Yamil—. Esos lobos te habrían devorado si yo no hubiera aparecido.

Yamila miró a su primo.

—Esos lobos no se habrían acercado a mí, si me hubieras llevado a casa.

—¡Pensé que eras una bruja! —dijo Yamil—. ¡Te convertiste en un burro, justo delante de mis ojos!

—Sí, me convertí en un burro —dijo Yamila—, porque el ogro me hechizó.

—¿Qué esperabas que hiciera? —dijo Yamil—. ¿Qué habría dicho la gente si hubiese vuelto a casa con una criatura que es mitad mujer, mitad burro y dijera: «Mirad, he rescatado a Yamila»?

—¿Y qué vas a hacer ahora? —preguntó Yamila.

—No lo sé.

—¿Por qué no me llevas a casa por la noche? Solo llévame a la casa de mi madre y yo me ocuparé del resto.

Esperaron junto a las rocas hasta que el sol se había puesto y después regresaron a la aldea. Cuando llegaron, fueron a la casa de la madre de Yamila y llamaron a la puerta.

—¿Quién es? —preguntó la madre.

—Soy yo, Yamil.

La madre abrió la puerta y Yamil dijo:

—Encontré a Yamila y la he traído a casa.

La madre miró al pequeño burro y dijo:

—¿Desde cuándo soy la madre de un burro? Esa no es mi hija. Tienes que irte ahora mismo. Esto es una estupidez.

—¡Silencio! —dijo Yamil—. ¿Es que quieres despertar a todo el pueblo? Este burro es realmente Yamila. Ella está bajo un hechizo.

Yamila se echó a llorar.

—Madre, de verdad que soy yo. ¿No me reconoces?

—¿Recuerdas que Yamila tenía dos cicatrices? —preguntó Yamil.

—Sí, tenía una en el muslo por una mordedura de perro —dijo la madre— y la otra en el pecho por una quemadura con aceite de lámpara que sufrió cuando era pequeña.

Yamila se quitó la ropa y le mostró las dos cicatrices a su madre. Cuando la madre vio que realmente era su hija, la abrazó con alegría y ambas lloraron.

—Hija —dijo la madre—, ¿quién te ha hecho esto?

—Fue el ogro, madre —dijo Yamila—. Me capturó cuando estaba en el bosque recogiendo leña y me retuvo en su castillo. Entonces Yamil me rescató, pero el ogro me hechizó mientras nos escapábamos.

—Me alegro mucho de que estés en casa y a salvo, pero ¿qué le vamos a decir a la gente? —dijo la madre.

—Escóndeme aquí en tu casa —dijo Yamila—. Y Yamil, si alguien pregunta si me encontraste, sigue pretendiendo que sigo perdida. Yo me encargaré del resto.

La madre escondió a Yamila en su casa y Yamil regresó con su familia.

—¡Bienvenido a casa! —dijo el padre de Yamil—. ¿Encontraste a tu prima?

—No, ni rastro. La busqué por todas partes.

—¿Qué pasó con el hombre que fue contigo? —preguntó el hermano de Yamil.

—Después de tres días tuve que dejarle marchar. Era un inútil. Probablemente ya ha llegado a su propia casa. Busqué por todos los castillos que encontré, pero no había rastro de Yamila en ninguna parte.

—Bueno —dijo el padre de Yamil—. Probablemente se la llevó un ogro que se la comió para su cena. No hay mucho que se pueda hacer al respecto.

Incluso después de que Yamil repitiera esta historia muchas veces, la gente seguía preguntándole si iba a ir a buscar a Yamila de nuevo y él siempre decía que no lo iba a hacer.

—Muy bien, entonces —dijeron sus amigos y familiares—, tendremos que encontrarte a alguien más para que sea tu esposa. Hay muchas chicas hermosas en este pueblo que estarían encantadas de casarse contigo. Elige una.

Pero todas las veces, Yamil decía que no tendría a nadie más por esposa que a su prima. La gente del pueblo empezó a pensar que estaba loco.

—Saliste y compraste todos esos muebles, y ahora están sin usar. ¡Elija a otra chica! ¡Cásate y sé feliz!

—Nunca me casaré con nadie más que con mi amada Yamila —dijo Yamil—. ¡Dejad de preguntarme!

Pasaron tres meses. Entonces un día un comerciante se acercó al castillo del ogro. Fue a sentarse a la sombra del muro y el ogro lo encontró allí.

—¿Qué haces cerca de mi castillo? —preguntó el ogro.

El hombre se puso de pie y empezó a temblar de miedo.

—Por favor, señor, solo soy un comerciante. ¿Lo ve? Este es mi paquete de mercancías. Vendo ropa.

—No tengas miedo —dijo el ogro—. No te comeré. Al menos no por ahora. Necesito tu ayuda.

—¿Qué quiere que haga? —preguntó el comerciante.

—Ve en esa dirección —dijo el ogro— y después de unos días, llegarás a un pueblo. Toma este peine y este espejo, pregunta a la gente del pueblo si conocen a una joven llamada Yamila y a un joven llamado Yamil. Cuando encuentres a la joven, dale el peine y el espejo y dile: «Tu padre el ogro te ordena que te mires en este espejo y se te devolverá tu propio rostro. Después peina tu pelaje con este peine y tu cuerpo volverá a ser como antes».

—Haré todo lo que me diga —dijo el comerciante.

—Así me gusta —dijo el ogro—, porque si no lo haces, te comeré seguro.

Después de un largo viaje, el comerciante llegó al pueblo de Yamila. Se sentó en cuanto encontró un buen sitio, porque estaba cansado, hambriento y muy, muy sediento. Yamil se acercó a él sentado allí y le dijo:

—Deberías alejarte del sol. Te dará una insolación si te quedas allí.

—Sí, gracias —dijo el comerciante—, pero he estado viajando durante todo un mes y estoy demasiado cansado, hambriento y sediento para moverme ahora mismo.

—¿De dónde vienes?

El comerciante señaló en dirección al castillo del ogro.

—De ahí —dijo.

—¿Has visto algo interesante en tus viajes? —preguntó Yamil.

—Sí. Llegué a un castillo y el ogro que estaba allí me pidió que buscara a una joven llamada Yamila y a un joven llamado Yamil. ¿Esta gente vive aquí?

—¡Yo soy Yamil! ¿Qué es lo que quiere el ogro?

—Me dio regalos para que se los diera a la joven —dijo el comerciante.

—Ven conmigo —dijo Yamil y guió al comerciante a la casa de sus tíos.

Cuando llegaron, la madre de Yamila preguntó:

—¿Quién es este hombre y qué es lo que quiere?

—Soy un comerciante, señora, y busco a una joven llamada Yamila. Un ogro me envió a buscarla. Me pidió que le diera este peine y este espejo.

—Se trata de un truco —dijo la madre—. Seguramente ese ogro solo está tratando de hacerle más daño a mi hija.

—No estoy seguro de que sea un truco —dijo Yamil—. Creo que deberíamos intentarlo.

La madre de Yamila llamó a su hija de su escondite y le habló del comerciante. Yamila fue al comerciante y le dijo:

—Escuché que el ogro te ha enviado para que me entregues algunas cosas.

—Sí —dijo el comerciante. Me envió con este peine y este espejo, y me dijo que yo debía decirte que tu padre el ogro te envió esto y que tú tenías que mirarte en el espejo y peinar tu pelaje con el peine y que, si lo hacías, te convertirías en lo que solías ser.

Yamila tomó el espejo, se miró en él y se peinó su pelaje con el peine. Cuando terminó, en lugar de una criatura que parecía un burro, había una hermosa joven. La madre y el primo de Yamila se alegraron mucho al ver a la joven restaurada. Pronto, se corrió la voz en el pueblo de que Yamila había regresado. Todo el mundo quería saber cuándo había vuelto, pero todo lo que decía Yamila era:

—Yamil me trajo, pero no quise revelarme de inmediato. Quería esperar al momento adecuado.

Entonces Yamil les dijo a sus padres, hermanos y suegros:

—Celebremos la boda hoy mismo. Hemos esperado tanto tiempo, pero ahora que Yamila está aquí podemos casarnos.

Los aldeanos prepararon una hermosa litera para llevar a la novia a su nuevo hogar, pero Yamila no quería montar en ella.

—¿Y si el ogro me ve? —dijo—. Seguramente vendrá y me secuestrará de nuevo.

Los hombres del pueblo dijeron:

—No dejaremos que se te acerque. Somos muchos y todos tenemos espadas.

—No importa cuántos seáis o lo afiladas que sean vuestras espadas —dijo Yamila, ese ogro es despiadado y astuto. Lo conozco.

Un anciano dijo:

—Deberíamos escucharla. Si no va en la litera a su nueva casa, que vaya andando.

Los otros hombres protestaron porque el ogro no podía llevársela de nuevo, pero Yamila no se dejaba influenciar. No se montaría en la litera ni caminaría. Enseguida pareció que estallaría una discusión, pero Yamil dijo:

—Si tiene demasiado miedo de dejar esta casa, entonces viviré aquí con ella. Seguiremos adelante con el banquete de bodas y Yamila se sentirá segura y cuidada.

Y así Yamil y Yamila se convirtieron finalmente en marido y mujer, y vivieron juntos en gran paz y felicidad hasta el fin de sus días.

Vea más libros escritos por Matt Clayton

Bibliografía

Barker, William Henry, y Cecilia Sinclair. *West African Folk-Tales.* Londres: G. G. Harrap & Company, 1917 *(en inglés).*

Bishop, Herbert L. "A Selection of SiRonga Folklore". *South African Journal of Science* 19 (1922): 383-400 *(en inglés).*

Callaway, Henry. *Nursery Tales, Traditions, and Histories of the Zulus, in their own Words.* Springvale, Natal: J. A. Blair, 1868 *(en inglés).*

Ceni, A. *African Folktales.* Traducción de Elizabeth Leister. n. c.: Barnes & Noble, Inc., 1998 *(en inglés).*

Chatelain, Heli. *Folk-Tales of Angola.* Boston: Houghton Mifflin, 1894 *(en inglés).*

Cole, Joanna. *Best-Loved Folktales of the World.* Garden City: Doubleday & Company, 1982 *(en inglés).*

Courlander, Harold. *The Hat-Shaking Dance and Other Ashanti Tales from Ghana.* Nueva York: Harcourt, Brace & World, Inc., 1957 *(en inglés).*

Dennett, R. E. *Notes on the Folklore of the Fjort (French Congo).* Publications of the Folk-Lore Society, vol. 41. Londres: David Nutt, 1898 *(en inglés).*

Garner, Alan. *The Guizer: A Book of Fools.* Nueva York: Greenwillow Books, 1976 *(en inglés).*

Lang, Andrew, ed. *The Grey Fairy Book.* Londres: Longmans, Green, and Co., 1905 *(en inglés).*

Lester, Julius. *How Many Spots Does a Leopard Have? and Other Tales.* Nueva York: Scholastic, Inc., 1989 *(en inglés).*

——. *Black Folktales.* New York: Richard W. Baron, 1969.

Littman, Enno. *Publications of the Princeton Expedition to Abyssinia.* Vol. 2. Leyden: E. J. Brill, 1910 *(en inglés).*

Lynch, Patricia Ann. *African Mythology A to Z.* Nueva York: Facts on File, Inc., 2004 *(en inglés).*

Mayo, Isa Fyvie. *Old Stories and Sayings of the Continent of Africa.* Londres: C. W. Daniel, n.d. *(en inglés).*

Radin, Paul, ed. *African Folktales.* Princeton: Princeton University Press, 1970. *(en inglés)*

Riley, Dorothy Winbush. *The Complete Kwanzaa: Celebrating our Cultural Harvest.* Nueva York: HarperPerennial, 1995 *(en inglés).*

Scheub, Harold. *African Tales.* Madison: University of Wisconsin Press, 2005. *(en inglés)*

Stumme, Hans. *Märchen und Gedichte aus der Stadt Tripolis in Nordafrika.* Leipzig: J. C. Hinrichs'sche Buchhandlung, 1898 *(en inglés).*

Theall, George McCall. *Kaffir Folk-Lore.* London: Swan Sonnenschein, Le Bas & Lowrey, 1886 *(en inglés).*

Tremearne, A. J. N. *Hausa Superstitions and Customs: An Introduction to the Folk-Lore and the Folk.* Londres: J. Bale, Sons & Danielson, Ltd., 1913 *(en inglés).*

Tyler, Josiah. *Forty Years Among the Zulus.* Boston: Congregational Sunday-School and Pub. Society, 1891 *(en inglés).*

www.ingramcontent.com/pod-product-compliance
Lightning Source LLC
Chambersburg PA
CBHW030114240426
43673CB00002B/74